Cuadernos del Acantilado, 25
BREVIARIO DE LOS POLÍTICOS

CARDENAL MAZARINO

BREVIARIO DE LOS POLÍTICOS
DE LOS CUADERNOS DE NOTAS
DEL CARDENAL MAZARINO

TRADUCCIÓN DEL LATÍN
DE ALEJANDRA DE RIQUER

BARCELONA 2007 ACANTILADO

TÍTULO ORIGINAL
Breviarium Politicorum secundum Rubricas Mazarinicas

Publicado por
ACANTILADO
Quaderns Crema, S.A.

Muntaner, 462 - 08006 Barcelona
Tel. 934 144 906
correo@acantilado.es
www.acantilado.es

© de la traducción, 2007 by Alejandra de Riquer Permanyer
© de esta edición, 2007 by Quaderns Crema, S.A.

Derechos exclusivos de esta traducción:
Quaderns Crema, S.A.

En la cubierta, monumento funerario al cardenal Mazarino
(1692) de Antoine Coysevox. Museo del Louvre

ISBN: 978-84-96489-98-1
DEPÓSITO LEGAL: B. 22 880-2011

AIGUADEVIDRE *Gráfica*
QUADERNS CREMA *Composición*
ROMANYÀ-VALLS *Impresión y encuadernación*

SÉPTIMA REIMPRESIÓN *septiembre de 2024*
PRIMERA EDICIÓN *mayo de 2007*

Bajo las sanciones establecidas por las leyes,
quedan rigurosamente prohibidas, sin la autorización
por escrito de los titulares del copyright, la reproducción total
o parcial de esta obra por cualquier medio o procedimiento mecánico o
electrónico, actual o futuro—incluyendo las fotocopias y la difusión
a través de Internet—, y la distribución de ejemplares de esta
edición mediante alquiler o préstamo públicos.

CONTENIDO

DEL EDITOR AL LECTOR, *9* — BREVIARIO DE LOS POLÍTICOS, *13* — Principios, *13* — PRIMERA PARTE, *15* — Conócete a ti mismo, *17* — Conoce a los demás, *19* — SEGUNDA PARTE, *31* — ACCIONES DE LOS HOMBRES EN SOCIEDAD, *33* — Obtener el favor de otra persona, *33* — Conocer a los amigos de los otros, *40* — Obtener fama y reconocimiento, *41* — Administrar el tiempo de los negocios, *45* — Adquirir gravedad, *46* — Leer, escribir, *48* — Dar, obsequiar, *50* — Pedir, *53* — Aconsejar, *56* — No dejarse engañar, *57* — Conservar la salud, *58* — Evitar el odio, *59* — Arrancar secretos, *67* — Conocer la intención que hay detrás de las palabras, *67* — Evitar ofender, *68* — Incitar a la acción, *73* — Adquirir sabiduría, *73* — Actuar con prudencia, *78* — Desembarazarse de un huésped pesado, *81* — Conversar con la gente, *82* — Bromear, *85* — Sortear las trampas, *86* — Ganar dinero y conservarlo, *87* — Obtener y conferir honores, *88* — Responder a las peticiones, *91* — Aparentar cualquier sentimiento, *93* — Ofrecer banquetes, *94* — Evitar daños, *96* — Introducir una novedad, *97* — No jugársela, *97* — Ocultar los errores, *98* — Concitar el odio contra los enemigos, *99* — Romper una amistad, *101* — Alabar a otros, *103* — Evitar que alguien rechace un cargo, *104* — Reprimir la ira, *104* —Huir, *107* — Castigar y corregir, *109* — Sofocar una rebelión, *112* — Escuchar y pronunciar alabanzas de uno mismo, *113* — Conservar la paz interior, *114* — Despreciar la difamación, *115* —Aprender a actuar hábilmente, *116* — Desviar las sospechas, *117* — Desembarazarse de los enemigos y vencerlos, *118* — Viajar, *121* — Renunciar a toda vanidad, *123* — Reprender, enmendar, *124* — Simular sentimientos, *125* — Prestar, *126* — Saber la verdad, *127* — Acusar, *127* — Ser acusado, *130* — Visitar otros lugares, *132* — Leer manuales, *134* — AXIOMAS, *137* — RESUMEN DE LA OBRA, *139* — Simula, disimula, *139* — No confíes en nadie, *140* — Habla bien de todo el mundo, *141* — Prevé lo que has de hacer, *141* — *Nota a esta edición*, *142*

DEL EDITOR AL LECTOR

Un príncipe italiano me envió hace tiempo este tratado político para que lo imprimiera. Como por aquel entonces me encontraba yo ocupado en asuntos de suma gravedad, fui aplazando el momento de mandar el texto a la imprenta. Ahora, nuevamente a instancias de Su Excelencia, presento el libro publicado.

La importancia del tema y el nombre de Su Eminencia el cardenal Mazarino, cuya vida ha servido de guía y modelo para elaborar las máximas aquí reunidas, harán que esta obra constituya una contribución de no poco peso para la divulgación de la ciencia política. Pues Su Eminencia, que se vio inmerso en las más terribles tempestades, no solamente logró no hundirse y no ceder ante nadie, sino que, gracias a su habilidad, supo nadar contra diversas corrientes de fortuna adversa, que lo podrían haber engullido, sobrevivir a ellas y llegar sano y salvo a buen puerto.

No ha sido fácil reunir las máximas que él puso en práctica en aquellos tiempos sumamente peligrosos y difíciles, en que administraba un reino muy poderoso dividido en distintos bandos, y consiguió vencer, cubriéndose de gloria, tantas y tan diversas dificultades. Además, hay otro hecho de no poca importancia que perpetuará su nombre:

Él inculcó a Luis XIV, sin duda el más grande de los reyes de Francia, antes de su acceso al trono, los principios del poder monárquico, gracias a los cuales este rey, una vez obtuvo las riendas del poder, amplió a lo largo y a lo ancho las fronteras de Francia y condujo su reino al máximo poder y al más alto prestigio. Compilar todas estas máximas es, pues, tarea ardua. Pero este tratado te librará de esta carga a ti, lector, aunque no sea más que un conjunto de principios políticos apenas pulido y desprovisto de toda retórica.

Dado que son infinitas las circunstancias particulares que pueden hacer variar en buena medida las reglas generales, el mejor método que puede seguirse, y el más eficaz, consiste en adaptar estas reglas generales a las circunstancias particulares a las que se apliquen. Así, de una disciplina nutrida únicamente de principios generales, haremos una ciencia que, desde la teoría, llegue a ser práctica y eficaz. Y tú, lector benévolo, te verás fácilmente satisfecho en tus deseos, si te tomas la molestia de examinar por ti mismo este ejemplo ilustre, este modelo, por así decirlo, de soldado de vanguardia y corifeo de la política, al cual los políticos actuales intentan adaptarse y acomodar sus normas de comportamiento.

Ahora bien, una vez hayas comprendido bien estos métodos y normas que los políticos acostumbran a utilizar, quisiera que los llevaras a la práctica no para engañar, sino para no dejarte engañar, y que a todo ello añadieras estas otras dos normas de gran sabiduría que pertenecen a los principios generales de la justicia universal y al Evangelio: «No hagas a otro lo que no quieras que te hagan a ti» y «Sed prudentes como las serpientes y sencillos como las palomas».[1]

Disfruta de mi trabajo. ¡Salud!

---

[1] Mateo 10, 16.

BREVIARIO DE LOS POLÍTICOS

PRINCIPIOS

Antiguamente la filosofía pura se basaba en dos principios. Hoy también se basa en dos. Antiguamente eran: «Aguanta» y «Abstente». Hoy son: «Simula» y «Disimula», o bien: «Conócete a ti mismo» y «Conoce a los demás» (éstos, si no me equivoco, sirven de base a los anteriores).

Empezaremos, pues, por tratar estos dos últimos principios. A continuación pasaremos a discurrir sobre el otro par, a propósito de las diversas acciones humanas, para lo cual no seguiremos ningún plan establecido de antemano, porque tampoco lo hay en las acciones de los hombres.

PRIMERA PARTE

CONÓCETE A TI MISMO

¿Te domina la ira, el miedo, la temeridad o cualquier otra pasión?

¿Qué defectos de tu carácter te ponen en evidencia sentado a la mesa, en la iglesia, durante una conversación, en el juego y demás actividades, especialmente las sociales?

Examina cada parte de tu cuerpo: ¿tienes la mirada demasiado insolente? ¿Las piernas muy rígidas o la cabeza más erguida de lo que conviene? ¿Tienes arrugas en la frente, muy apretados los labios, demasiado lento o demasiado rápido el paso?

¿Con quién te relacionas? ¿Son hombres de buena reputación? ¿Son ricos y astutos?

¿En qué situación pierdes totalmente el control de ti mismo y cometes algún desliz de palabra o de obra? ¿Si has bebido mucho en una comida? ¿En el juego? ¿En la desgracia acaso, ese momento en el que, según Tácito, «los ánimos de los hombres se reblandecen»?[1]

---

[1] *Anales* IV, 68.

¿Frecuentas lugares sospechosos, sórdidos, de mala nota, poco apropiados para ti?

Ve con cuidado en todo lo que hagas y no dejes de actuar cuidadosamente. De hecho, a esto te va a ayudar la lectura de este librito: a tener siempre en cuenta el lugar y el momento en que te encuentres, y tu rango y el de la persona con la que te relaciones.

Toma nota de cada uno de tus defectos para tenerlos siempre en mente y poder ejercer sobre ti una vigilancia estrecha.

Va muy bien imponerse algún correctivo cada vez que se comete un fallo.

Si te han ofendido y se te ha alterado la bilis, no digas nada, ni des señal alguna de enfado si en tales circunstancias no te es útil mostrar tu animadversión ni vas a poder recibir ninguna satisfacción. Simula, por el contrario, que en nada se te ha agraviado, y aguarda el momento oportuno.

Que en tu rostro no se refleje nada, ningún sentimiento, salvo la cortesía. Y no sonrías rápidamente ante la menor muestra de afecto.

Has de tener a todo el mundo vigilado. Nunca reveles a nadie tus secretos, pero averigua los de los otros.

No digas ni hagas en público nada que resulte indecoroso, por muy natural y bienintencionado que sea, porque los otros lo van a ver con malos ojos.

Mantén constantemente una actitud discreta, pero observándolo todo con suma atención. Vigila, sin embargo, que tu curiosidad no rebase el límite de tus astutas cejas. Así actúan los hombres que son tenidos por astutos, hábiles y previsores.

CONOCE A LOS DEMÁS

Se puede obtener mucha información de la enfermedad, la embriaguez, los banquetes, las bromas, los juegos en los que se arriesga dinero y los viajes, es decir, de aquellas situaciones en las que se abren las puertas del alma y las fieras salen cómodamente de sus escondrijos. También se obtiene de la aflicción, sobre todo si la ha provocado una injusticia. Hay que aprovechar esas oportunidades para relacionarse con aquéllos a los que se quiere conocer.

Ayuda mucho tener trato frecuente con los amigos, hijos, pajes, familiares y sirvientes de esas personas, pues fácilmente se dejan sobornar con regalos de poco valor y cuentan muchas cosas.

Si sospechas que alguien tiene una determinada opinión sobre algo, sostén, en el curso de una conversación, el punto de vista contrario, ponderándolo bien. Si su opinión es efectivamente la opuesta, le va a costar mucho, por muy circunspecto que sea, no delatarse defendiendo o atacando algún aspecto de ese asunto y acabará por mostrar claramente que piensa lo contrario que tú.

Para enterarse de los vicios de alguien, he aquí una buena treta: conduce la conversación hasta abordar los vicios más comunes, y en particular los que pudiera tener tu amigo. El vicio que él denuncie y repruebe con mayor dureza será precisamente aquél del que adolezca. Así suele suceder con los predicadores, que fustigan con la mayor de las pasiones los vicios que los envilecen a ellos.

Consulta a alguien sobre un asunto, y pasados unos días vuélvele a hablar de lo mismo. Si la primera vez no te dijo la verdad, la segunda vez te dirá otra cosa distinta, pues la Divina Providencia hace que nos olvidemos fácilmente de las mentiras que decimos.

Finge estar informado sobre algo y coméntalo en presencia de quien creas que de verdad está al corriente de ese asunto. Así, al irte rectificando, acabará por revelarte todo lo que sabe.

Observa con quién se relaciona cada uno, pues a los hombres se los conoce por quienes van con ellos.

Di palabras elogiosas al que está afligido, y sobre todo consuélalo, pues en situaciones como éstas salen a la luz los pensamientos más secretos y ocultos.

Induce a las personas a que te cuenten su vida (lo que puedes conseguir haciendo ver que les cuentas la tuya) y a que te hablen del daño que le han hecho a los demás; esto te servirá para interpretar su situación actual. Y tú ten cuidado de no revelar nada de tu vida.

Podrás comprobar los conocimientos de alguien de esta manera: dale a leer, por ejemplo, un epigrama. Si lo elogia en exceso, y los versos no son buenos, es un poeta mediocre; si lo alaba en su justa medida, es un poeta. De igual modo, si le hablas de comida, sabrás si es un *gourmet*, y lo mismo sucede con otros vicios y virtudes.

En una reunión resulta muy interesante proponer como diversión celebrar un juicio sobre algún asunto; así cada uno demostrará cuánto vale, qué cualidades tiene y para qué está capacitado, pues muy a menudo en los juegos subyace una gran verdad.

En alguna ocasión podrías incluso hacer de médico, y mezclar en la comida de uno una sustancia de esas que desinhiben a los hombres y les hacen hablar mucho.

Una señal de que un hombre es malvado es que se contradiga constantemente; alguien así puede llegar a cometer un robo.

A los presumidos que elogian constantemente lo suyo no hay que temerlos demasiado.

Son extravagantes esos hombres ariscos y sombríos, que discursean siempre y en voz muy alta, que llevan las uñas demasiado cortas y que, de cara al exterior, se infligen mortificaciones que no responden a ningún sentimiento sincero.

Reconocerás al nuevo rico, salido de la más extrema pobreza, en que su única obsesión es la comida y la vestimenta, pues los pobres, cuando se vuelven ricos, aspiran a conseguir tales bienes en vez de honores.

Los entregados al vino y a Venus apenas pueden guardar un secreto: éstos son esclavos de su amante y aquéllos se lanzan a hablar sin pensar.

Del siguiente modo podrás desenmascarar al embustero y petulante cuando te vaya contando sus viajes, expediciones, campañas militares, las múltiples hazañas que ha llevado a cabo y los años que ha pasado en tal o cual lugar: ve calculando tú la suma total de años que todo esto supone, y después, en otra ocasión, pregúntale en qué año empezaron todas esas aventuras, en cuál acabaron y, finalmente, cuántos años tiene. Verás que no cuadra nada. Pregúntale también cuántos palacios tiene tal ciudad o si conoce esa fortaleza tan famosa cuyo nombre te inventarás. O también puedes hacer ver que lo sabes todo de su vida, y felicitarlo por haberse librado de tal o cual peligro.

Reconocerás al hombre honrado y piadoso por la armonía que hay en su vida, por su falta de ambición y por su desdén por alcanzar una posición de mayor rango. No habrá en él falsa modestia ni artificio en ningún aspecto. No hablará de manera afectada ni se someterá, haciendo exhibición de ello, a mortificaciones puramente superficiales, como no comer ni beber apenas.

Los que son de natural melancólico o flemático declaran abiertamente carecer de ambición y de orgullo; de hecho, si alguien los ofende, enseguida se reconcilian con él.

Los astutos son, por lo general, hombres de dulzura fingida, nariz ganchuda y mirada penetrante.

Pide consejo a una persona sobre algún asunto y así sabrás si es hábil e inteligente. Pero para esto hay que fingir tener un espíritu dubitativo y vacilante.

No te fíes del que hace promesas con facilidad: es un mentiroso y un impostor.

Juzga capaz de guardar un secreto a aquel que no te revele, ni siquiera en nombre de vuestra amistad, los secretos de otro. Soborna entonces a alguien para que le haga confidencias o para que intente sacarle una información que tú le hayas confiado. Ten en cuenta que los hombres tienden a explayarse muy fácilmente con las mujeres o los jovencitos de los que están enamorados, así como con los nobles y príncipes a los que reverencian. En el caso de que te cuente un secreto de otro, no le confíes nada, porque puede que exista alguien que le sea tan querido como tú.

Te será útil interceptar de cuando en cuando las cartas de tus subordinados, leerlas atentamente e incluso contestarlas.

Quienes poseen muchos bienes muy singulares y refinados suelen ser hombres afeminados y poco virtuosos.

Quienes portan unas armas demasiado adornadas no suelen ser verdaderos soldados, quienes llevan sus útiles de trabajo demasiado pulidos tampoco suelen ser verdaderos artistas, a no ser que los excuse su juventud. De igual modo, quienes se entregan demasiado a la buena vida y son demasiado elegantes y amables no son verdaderos sabios.

Así descubrirás a un adulador: finge que has cometido un acto claramente injustificable y cuéntaselo jactándote de ello. Si te alaba, es un adulador, porque al menos se podría haber callado.

Para darte cuenta de si uno es un falso amigo, anúnciale, a través de un tercero que habrá recibido instrucciones de ti, que te encuentras al borde de la ruina y que se ha descubierto que los documentos en los que se fundaba tu posición son falsos. Si oye todo esto sin que le afecte, nunca será amigo tuyo. Mándale después a alguien que le pida en tu nombre consejo y ayuda; te darás cuenta de cómo es. Ahora bien, después de haber puesto a prueba de este modo su virtud, haz ver que no te crees nada de todo lo que te han contado sobre ese falso amigo.

Se reconoce a los incultos por su tendencia a una ostentación excesiva en la decoración de la casa, en la preocupación por los muebles; y también porque, si alguien utiliza una expresión no muy latina, ríen para demostrar que se han dado cuenta.

Guárdate de los hombres de baja estatura: son tozudos y soberbios.

De esta manera podrás poner a prueba la buena relación entre dos amigos: critica explícitamente a uno de ellos en presencia del otro, o bien alábalo. Por el silencio o por la fría respuesta de ése te darás cuenta de toda la verdad.

En una reunión, plantea a los presentes algunas situaciones delicadas y pregúntales cómo creen que se puede salir airosamente de ellas; por la respuesta de cada uno se verá claramente su inteligencia y habilidad. Plantéales también cómo se puede engañar a tal o a cual tipo de personas. Aborda en la conversación el tema de las persecuciones; verás que el que tenga más cosas que decir al respecto será el que más las ha sufrido.

A la mayoría de los mentirosos, cuando ríen, les salen hoyuelos en las mejillas.

De los que se preocupan demasiado por su aspecto poco hay que temer. De los jóvenes o de los muy viejos se obtiene abundante información sobre cualquier asunto.

Es un hipócrita el que habla a favor o en contra de un mismo asunto según las circunstancias.

Los que saben muchas lenguas con frecuencia son cortos de entendimiento, porque una memoria saturada suele embotar la mente.

Si alguien que había estado entregado a los vicios empieza de repente a demostrar grandes virtudes, desconfía de él.

Si crees que alguien va propagando lo que tú dices, cuenta en su presencia algo personal y de lo que nunca hayas hablado con nadie. Si tus palabras se divulgan, ya has pillado al traidor.

A los que les gusta contar lo que han soñado, pídeles a menudo que te cuenten sus sueños y hazles todo tipo de preguntas sobre éstos; con lo que te expliquen podrás conocer bastante bien los secretos de su corazón. Y si alguien, por ejemplo, asegura que siente afecto por ti, pregúntale —pero en otra ocasión— lo que sueña: si nunca sueña contigo, su afecto es fingido.

Comprueba cuáles son los sentimientos de otra persona hacia ti mostrándote muy afectuoso con él o, por el contrario, fingiendo hostilidad.

Jamás demuestres tener experiencia en vicio alguno, ni tampoco hables con excesiva indignación o vehemencia de los vicios de los demás, pues pensarán que los tienes tú.

Si se presenta ante ti un delator para acusar a alguien, finge que ya lo sabes todo e incluso más; verás entonces cómo añade más detalles y sospechas, lo que de otra manera no habría hecho.

Los que se muestran demasiado tiernos con las gracias de perros y niños son poco viriles.

Los que hablan con voz afectada y forzando una ligera tos son afeminados y muy dados a la lascivia. También lo son esos tan arregladitos y engalanados que sólo desean parecer atractivos a los otros, y a los que se les van los ojos detrás de los jovencitos y las jovencitas.

Los hipócritas lo propagan todo con suma facilidad y dan siempre su aprobación a cualquier cosa que hagas, porque su amistad es falsa. Si delante de ti arremeten con gran dureza contra otros, ten cuidado, porque pronto harán lo mismo contigo.

He aquí cómo elegir a un hombre capaz de guardar un secreto. Cuéntale a uno algo como si fuera un gran secreto y cuéntale lo mismo a otro con idéntica actitud reservada. Mete después a un tercero, que estará enterado de la treta, para que reúna a esos dos e insinúe algo, durante la conversación, sobre el secreto confiado. Así se verá claramente cómo es cada uno, y sabrás quién te traicionará primero. En efecto, si hay uno que no dice nada en el momento en que los tres se den cuenta de que saben lo mismo, a éste hazlo tu secretario.

Para conocer las intenciones de alguien, soborna a la persona de quien esté enamorado, y a través de ella llegarás a saber sus secretos más íntimos.

# SEGUNDA PARTE

ACCIONES DE LOS HOMBRES EN SOCIEDAD

Me adentro ahora en un camino en el que no cabe observar orden alguno, y por esto no lo sigo.

OBTENER EL FAVOR DE OTRA PERSONA

Entérate de qué cosas le interesan a tu amigo y hazle regalos de acuerdo con su carácter; siempre resultarán adecuados los tratados de matemáticas o de divulgación de los secretos de la naturaleza, de los que está llena la obra de Mizauld.[1]

Habla con él a menudo, consúltale, pídele su opinión y aprovecha sus consejos. Pero no le abras nunca tu corazón, para que no pueda tenerte bajo su poder si se convirtiera en enemigo tuyo. No le pidas nada que te haya de conceder de mala gana, como sucede cuando se entra en

---

[1] Antoine Mizauld (1510-1578), médico y astrólogo, fue autor de más de una cuarentena de obras sobre astronomía, botánica, meteorología y medicina.

lo que es mío y lo que es tuyo. En las fiestas más señaladas, el día de su aniversario, o si celebra, por ejemplo, haber recobrado la salud, felicítalo con pocas palabras, pero bien dichas. Haz ver que no te das cuenta de sus defectos y sí de sus virtudes. Explícale cosas tuyas personales, cuéntale las alabanzas que otros han hecho de él susurrándoselas al oído de principio a fin, sobre todo las que provengan de sus superiores. En cambio, jamás le reveles lo que critican de él, ni le señales cuáles son sus vicios, sin importar la manera en que te lo pida, y, si tanto insiste, para que no parezca que no le tienes confianza, menciónale sólo los defectos más leves, o aquellos que él mismo, en alguna ocasión, haya reconocido tener. Y es que las confesiones de este tipo—no importa en qué forma se hagan—dejan un recuerdo amargo, sobre todo si comportan un exceso de verdad. Transmítele con frecuencia tus saludos a través de terceros, o en las cartas que escriban otros y escríbele tú con regularidad. Nunca sostengas una opinión contraria a la suya, ni se la rebatas, y, si te atreves a hacerlo, deja que te convenza, que te haga cambiar de parecer, y finge que así ha sido. No le escatimes ningún título al dirigirte a él, y acude presto a servirle incluso en las empresas que no se vayan a realizar.

No te empeñes en agradar a nadie cayendo en el vicio, ni tampoco aparentando algo que sea incompatible con tu condición. Si eres eclesiástico, por ejemplo, abstente de las bromas subidas de tono, de las bufonadas, o de beber mucho. Pues, aunque en un primer momento estas cosas suelen despertar simpatías, de hecho lo que suscitan es el desprecio y la burla, e incluso, con el tiempo, pueden llegar a concitar odios encarnizados. Por tanto, si alguna vez te conviene apartarte de la virtud, hazlo, pero sin caer en el vicio.

Si quieres acercarte a alguien, averigua primero quiénes, en su círculo, son los que gozan de su favor, quiénes los más intrigantes y quiénes los más mordaces. Entonces, procúrate por todos los medios el favor de estos hombres, porque te será de gran utilidad; podrás, por ejemplo, sacar un gran provecho de sus consejos a la hora de llevar adelante tus propios proyectos, dado que hombres como éstos, cuando dan un consejo, están participando ya de hecho en la consecución del objetivo. Si quieres vengarte de alguien, hazlo sospechoso a ojos de ellos y habrás conseguido lo que te interesa al hacer que ellos le odien.

Jamás permitas que tu señor[2] te ordene cometer ninguna acción criminal, pues, por muy agradecido que pueda estarte al principio, más adelante verá en ti a alguien que reprueba su conducta, y pensará que puedes hacerle a él lo que por orden suya tan fácilmente aceptaste hacerle a otro; de hecho, quedarás como un hombre cuya lealtad y virtud se pueden comprar. Si te ves obligado a hacerlo, lo mejor será que desaparezcas rápidamente llevándote la recompensa.

Escribe algunas cartas muy elogiosas sobre esa persona de la que quieres ganarte el favor, deja que se pierdan y que sean interceptadas para que caigan en manos del interesado.

Muchos creen que lo que a ellos les gusta también gusta a los otros, y por esto lo hacen. Indaga tú con perspicacia qué les gusta y qué no les gusta. Llámalos «hermanos míos», aunque sean inferiores a ti, y sé el primero en honrarlos siempre y cuando sean, por lo menos, de honorable cuna.

---

[2] Este «señor», «amo» o «superior», citado a menudo en el tratado, puede ser tanto el rey como un príncipe, un ministro o un superior eclesiástico.

Tampoco te excedas en agradar a alguien, porque acabará hastiado; es mejor prometer que dar, para ir manteniendo así el deseo de la otra persona. Actúa del mismo modo en el juego, en una conversación, etcétera.

No le pidas nada prestado a un amigo: si no puede dejarte algo que asegura tener, te va a odiar, y si te lo cede a disgusto o lo recupera en mal estado, se enfadará contigo.

Tampoco le compres nada a un amigo: si te lo vende caro, saldrás perjudicado, si te lo vende barato, el perjudicado será él.

Trata bien a los que están al servicio de tu amigo, incluso a los más humildes, pues de lo contrario poco a poco te irán enemistando con él. Observa esta conducta en los banquetes o cuando estés invitado en su casa. Invéntate secretos y, como si fueran de la mayor importancia, confíaselos a ellos. Hazles saber que te importa especialmente todo lo que atañe al servicio de tu amigo. Si con la servidumbre te comportas con mucha familiaridad, te despreciará; si de manera airada, te odiará; en cambio, si lo haces con seria amabilidad, te respetará.

A las personas de buena cuna has de mostrarles benevolencia, afecto y amabilidad. Rechaza las muestras de humillación, señales de una sumisión excesiva, como que te besen los pies; incluye en este grupo a los avaros, pues son serviles de naturaleza.

Si buscas el favor de la gente del pueblo, promételes ventajas materiales que les beneficien a cada uno en particular: esto es lo que les importa, mucho más que los honores.

Acepta la invitación a la mesa de un inferior tuyo y no critiques nada. Supera a todos en cortesía, muéstrate distendido, al menos de palabra, aunque manteniendo siempre cierta seriedad.

Guárdate de quitarle nada a nadie y de apropiártelo sin su consentimiento.

Sé compasivo, ofrece consuelo a menudo, reparte bien los favores que concedas.

No desprecies nada, antes bien alaba.

Si no te queda más remedio que criticar lo que hacen algunos, no les reproches su falta de juicio o de competencia, en vez de eso, alaba la bondad de sus motivos, de sus intenciones y demás. Señálales luego los inconvenientes que acarreará su proyecto y lo mucho que les costará.

Muéstrate siempre partidario de que el pueblo quede exento de cargas.

Observa atentamente al amigo cuyo favor quieres obtener, para saber si siente inclinación por las armas, por la ciencia, por la clemencia o por la verdad.

Intercede por alguien sólo en contadas ocasiones, pues todo lo que gracias a ti se haga en beneficio de otro es como si se hiciera en beneficio tuyo. Tú, guarda exclusivamente para ti el favor del Príncipe.

No desveles los secretos de otra persona, pues perderás su estimación.

Si se te ordena cometer algún delito, gana tiempo, piensa una excusa para salir del aprieto, como simular una enfermedad o decir que te han robado los caballos.

Trata como amigos a los que están al servicio de aquél cuya amistad buscas; después, sobórnalos con oro: ellos, si es necesario, podrán manejar a su amo a su antojo.

Sea cual sea la manera en que hayas obtenido el favor de alguien, mantenlo del mismo modo, con mil muestras de atención, como si todavía lo pretendieras. Pues, una vez conseguido, hay que cuidar celosamente este favor, e incluso, para no perderlo, prestarle otros servicios más.

CONOCER A LOS AMIGOS DE LOS OTROS

Alaba públicamente a alguien. Si hay uno que no dice nada, no será amigo suyo, igual que si cambia de tema, si habla sin ganas y de manera forzada, si atempera la alabanza, si dice que no sabe de qué va la cosa o si se dedica a alabar a otras personas. Puedes también hacer mención de una acción admirable llevada a cabo por aquel hombre—y de la que tiene perfecto conocimiento el que te escucha—para ver si le añade algo o si incluso es capaz de quitarle importancia. Puede que llegue a asegurar que aquello fue una casualidad, que sucedió gracias a la pródiga intervención de la Divina Providencia, que exalte proezas similares, o incluso mayores, realizadas por otros, o que diga que aquella persona lo hizo siguiendo consejo ajeno. Envíale una carta, supuestamente por recomendación de ese amigo, para pedirle que te revele algo confidencial; así verás claro si sus sentimientos son amigables u hostiles. Salúdalo de parte de ese supuesto amigo, dile que has oído malas noticias de él, y verás cómo responde a esto.

OBTENER FAMA Y RECONOCIMIENTO

Jamás des por seguro que alguien guardará un secreto si en su presencia te has comportado o has hablado de manera poco correcta y atrevida, y no te fíes en este sentido ni de un paje ni de un criado: a partir de un hecho aislado se formarán una opinión sobre tu persona, que divulgarán al hablar de ti a los otros.

No esperes nunca que alguien vaya a justificar una acción tuya que resulte cuestionable, más bien la interpretará en el peor sentido; por eso, jamás bajes la guardia en público, aunque sólo haya un testigo. Tampoco te dediques a explicar cómo en otro tiempo te difamaron o te perjudicaron injustamente, pues con ello no haces sino propalar esta difamación y siempre habrá a quien le parezca bien. No sirven de nada las palabras de Bernardo: «Perdona la intención si no puedes perdonar la acción»,[3] ni tampoco sirve asegurar que, en ese caso, cometiste un pecado sin darte cuenta, o que deliberadamen-

---

[3] La cita es de los *Sermones sobre el Cantar de los Cantares* de Bernardo de Clairvaux (1090-1153), monje cisterciense, cuyas obras alcanzaron diez ediciones sucesivas en Paris en el siglo XVII.

te incurriste en esa mala acción para ponerte a prueba.

De vez en cuando hazles alguna confidencia a los peores charlatanes, y cuéntales en secreto —rogándoles que no desvelen nada a nadie— que tú ejerces una enorme influencia sobre los poderosos y que te carteas con ellos. Después, al abrigo de las miradas ajenas, escríbeles cartas a esos poderosos, fírmalas, enséñaselas a los charlatanes y finalmente quémalas. Invéntate unas cartas de respuesta y guárdalas, pero sin poner demasiado celo en ello. Ahora bien, puede suceder que algunos no acaben de entenderlas bien o que incluso las interpreten mal; por este motivo conviene leerles las cartas de manera muy clara.

Proclama que nunca has hecho daño a nadie y di que sólo por eso esperas la corona de Dios; cita ejemplos inventados para la ocasión.

Cada vez que tengas que comparecer en público (que sea lo menos posible) condúcete de modo irreprochable, pues a menudo un mero gesto acaba forjando para siempre una reputación.

Nunca te hagas cargo de varios asuntos a la vez, porque hacer muchas cosas no te va a procurar la celebridad, y sí, en cambio, acabar brillantemente una sola. Te lo digo por experiencia.

Siempre es conveniente—e incluso resulta muy útil—depositar la confianza en las personas de carácter impulsivo, en los poderosos, en los parientes.

Finge humildad, candor, amabilidad y buen humor. Muéstrate elogioso, agradecido y disponible hasta con quienes no se lo merecen.

Cuando uno empieza, todo lo ha de hacer pensándolo mucho, con un esfuerzo enorme y con la total seguridad de que va a salir bien, pues «como se empieza, se acaba». Una vez uno se ha labrado una buena fama, incluso sus errores contribuirán a su gloria.

Si estás entregado a algún quehacer dentro de tus obligaciones, no emprendas bajo ningún ruego otro asunto por cuya culpa se pueda ver menoscabada tu dedicación al trabajo debido. Es más, ten por cierto que, por muchas y muy importantes que sean las cosas que hayas llevado a cabo y por muy distraído que hayas estado con tantas preocupaciones, si has faltado a tu deber, aunque sea en lo más mínimo, se dirá que ha sido precisamente porque te volcaste en esas otras empresas.

Si has de administrar un negocio, no te asocies con nadie que sea más competente o tenga más experiencia en ello que tú. Si has de ir a visitar a alguien, no vayas acompañado de quien vaya a ser mejor recibido que tú.

Si tienes que dejar un cargo, procura que los que te sucedan no sean claramente superiores a ti.

Pon por escrito los hechos gloriosos de tu linaje sin preocuparte de las críticas que te hagan algunos en ese momento, porque lo escrito —responda a la verdad o a la mera complacencia— se acaba leyendo en un futuro como si fuera la pura verdad. En cambio, las palabras mueren con los que las pronuncian, o incluso antes.

He aquí cómo labrarte una reputación de sabio: reúne en un solo volumen todos los datos históricos que puedas recopilar y una vez por mes léelos y reléelos en tus momentos de ocio. Así te procurarás una visión general de la Historia y, en caso de necesidad, podrás exhibir tus conocimientos.

Ten preparado un repertorio de fórmulas para responder, saludar, tomar la palabra y quedar como es debido ante cualquier imprevisto.

Algunos hombres se rebajan demasiado para después poder ensalzarse, por ejemplo, para hacer ver que han progresado gracias a la buena suerte y no a su esfuerzo, gracias a su genio y no a su trabajo. Se menosprecian, se envilecen y a menudo consiguen que se les tenga por ineptos y débiles. Deja esto para los que han consagrado su vida a la religión.

Nunca hagas valer toda tu fuerza: que nadie crea que has llegado al límite de tu poder.

Lo que puedas encargar a tu servidumbre —realizar alguna tarea, llamar al orden o castigar a alguien— no lo hagas tú en persona. Resérvate para cosas más elevadas.

No entres en discusión sobre asuntos poco claros a no ser que estés seguro de salir victorioso.

Si organizas un banquete, incluye a los que están a tu servicio entre los invitados; la plebe es muy charlatana y puede perfectamente desacreditar a cualquiera. Por esto hay que deslumbrarla, para que no se vaya a fisgonear por otro lado. Trata con idéntica afabilidad al barbero y a la cortesana.

ADMINISTRAR EL TIEMPO DE LOS NEGOCIOS

Delega en otros los asuntos de menor importancia y establece para ti un plan estricto que bajo ningún concepto has de saltarte. Dedica el menor tiempo posible a los asuntos menores y, sea cual sea el negocio, no te entretengas más de lo necesario para resolverlo honorablemente.

Si estás cansado de un negocio, no perseveres, y reponte con algún entretenimiento honorable y haciendo ejercicio; después lograrás resolver ese asunto y muchos otros más con gran facilidad y en muy poco tiempo. Y si no, dedícate al menos a un negocio que no requiera tanto esfuerzo.

Los asuntos que exigen varios días de trabajo más vale irlos resolviendo paso a paso. No aceptes negocios de ésos que dan poco dinero o poca fama y mucho trabajo.

No te hagas cargo, por hacer un favor a alguien, de negocios que no te sirvan de nada y te exijan mucha dedicación.

No trates tú personalmente con los artesanos, ni te ocupes de la economía, ni de los jardines, ni de las obras, porque todo esto da muchísimo trabajo y le lleva a uno de disgusto en disgusto.

ADQUIRIR GRAVEDAD

Tus ocupaciones deben estar en consonancia con tu condición; por ejemplo, si eres prelado, no te mezcles con las armas; si noble, con la quiromancia; si religioso, con la medicina; si eres sacerdote, guárdate de hacer de espadachín.

No hagas promesas ni acuerdes privilegios fácilmente. No tengas la risa fácil, no tomes decisiones con rapidez, pero, una vez tomadas, no las cambies. No mires fijamente a nadie, no te frotes la nariz ni la arrugues. No te muestres sombrío, gesticula poco, mantén la cabeza alta, sé parco en palabras—y que sean éstas sentenciosas—, no des zancadas al andar y adopta siempre una postura decorosa.

No le confieses a nadie tus afectos, tus odios, tus temores. No te ocupes tú de asuntos de poca monta, deja que lo hagan los que están a tu servicio, y no hables de ello.

Que no haya nadie cuando estés comiendo, ni cuando te acuestes o te levantes de la cama.

Ten pocos amigos, no mantengas un trato frecuente con ellos, y así no te perderán el respeto. No te reúnas con tus amigos en un lugar cualquiera que no hayas elegido bien.

No cambies de repente de costumbres, ni siquiera para mejorarlas; mantén tu forma de vestir y de vivir, mantén tus lujos.

Evita exagerar a la hora de alabar o censurar, y procura que el tono de tu juicio sea proporcionado a su objeto; así no caerás en una gravedad excesiva y exagerada.

Sólo en contadas ocasiones expresa sentimientos entusiastas como el gozo o el asombro. Muestra una actitud piadosa incluso cuando estés entre amigos íntimos, y aunque entonces te sientas en total confianza no te quejes de nadie y no acuses a nadie.

No impartas a tus subordinados demasiadas órdenes a la vez, de modo que no vayan a poder cumplirlas: aprenderán a hacer caso omiso de lo que les mandas hacer o irán diciendo que son órdenes poco sensatas.

No dictes leyes, o hazlo lo menos posible. No te dejes dominar fácilmente por la ira, porque, si después te serenas con igual facilidad, te tendrán por persona poco firme. Si tienes que hablar en público, ten el discurso preparado de antemano y por escrito.

LEER, ESCRIBIR

Si tienes que escribir en un lugar muy frecuentado, coloca verticalmente delante de ti una hoja ya escrita, como si la estuvieras copiando, para que la vea todo el mundo. Deja sobre la mesa lo que realmente estés escribiendo y tápalo de manera que sólo se vea una línea, que también habrás copiado y que podrá leer cualquiera que se acerque. Lo que realmente hayas escrito, escóndelo debajo de un libro o de otras hojas, o levanta la hoja y acércatela.

Si te sorprende alguien mientras estás leyendo, pasa en seguida varias páginas del libro para que no descubra qué te interesa. Es preferible, sin embargo, que haya una buena pila de libros, de modo que sea otro volumen el que se preste a ser inspeccionado. Si estás escribiendo unas cartas, o leyendo un libro, y llega inesperadamente alguien para quien resultará sospechoso lo que estás haciendo, plantéale inmediatamente, como si tuviera algo que ver con el libro o con las cartas, una cuestión sobre un asunto completamente distinto al que te ocupa. Finge, por ejemplo, que escribes una carta a alguien que te ha pedido un consejo, y pregúntale a ese recién llegado qué respuesta prudente y sensata se puede dar ante tal o cual situación. O pídele que te cuente alguna novedad para poder incluirla en tu carta. Actúa de la misma manera si estás haciendo cuentas con tu dinero o leyendo un libro.

Lo que quieras mantener en secreto, tómate la molestia de escribirlo de tu puño y letra, a no ser que utilices un lenguaje cifrado. En tal caso tiene que parecer un tipo de lenguaje legible y comprensible para todo el mundo, como el que propone Trittenheim[4] en su *Polygraphia*. Éste es el sistema más seguro si el que escribe no eres tú. El lenguaje cifrado que ofrece un texto ilegible despierta sospechas, y el documento puede ser interceptado. También sucede esto si no lo haces como es debido.

DAR, OBSEQUIAR

Muéstrate generoso en aquellas cosas que de entrada consideras imposible garantizar, como por ejemplo, otorgar unos privilegios de los que el beneficiario jamás podrá valerse.

Ningún maestro, al impartir enseñanza a su discípulo, debe privarle de la esperanza de que

---

[4] Johannes von Trittenheim (1462-1516), conocido como Tritemio, humanista y teólogo, se interesó asimismo por las ciencias naturales, si bien su pasión por la cábala y la alquimia lo llevó a ser tenido por nigromante. Su obra *Polygraphia cum clave seu enucleatorio,* sobre los alfabetos secretos, fue traducida al francés en 1561.

con él podrá profundizar más en sus conocimientos. Ningún padre debe darle tanto a su hijo como para que éste sienta que ya no necesita ninguna muestra suya de bondad y que ya no le cabe esperar nada más de él. Este mismo principio ha de regir la relación entre un amo y sus servidores: si un amo hace donación de unas tierras, es preciso que éstas queden totalmente a merced de su buena voluntad, esto es, que estas tierras, por ejemplo, no tengan bosques, o agua, o molino.

Si se formaliza un contrato, u otro tipo de escritura, entre amo y servidor, hay que añadir una cláusula que lo haga revocable a voluntad del amo.

Si hay alguien que merece un cargo público y, cuando se lo vas a conceder, pone excusas para no aceptarlo, no consientas en modo alguno que lo rechace, a no ser que ya haya hecho saber su propósito a todo el mundo. De lo contrario, creerán que no has sabido recompensar los méritos que se le reconocen. Ahora bien, para que él no pueda poner excusas, confiérele el cargo el mismo día en que tenga que empezar a ejercer sus funciones y después márchate tú fuera unos días; así se verá obligado a abordar su negativa por carta, y mientras tanto habrá empezado ya a cumplir con sus obligaciones.

Debes conceder favores de ésos que no cuestan nada; por ejemplo, condonar penas pendientes como premio o renunciar a un nuevo tributo que, siguiendo el ejemplo de tus vecinos, habrías podido imponer a pesar de que no es demasiado justo.

No te valgas para tu uso personal de demasiados lujos, por ejemplo armas, caballos o anillos; así podrás hacer con ellos unos obsequios magníficos con el mínimo gasto.

Sé original a la hora de hacer regalos; por ejemplo, para regalar un arcabuz, organiza un concurso de tiro con la excusa de desprenderte de él, y dalo entonces como premio al tirador que haya vencido, tanto si de antemano ya te has asegurado de cuál será el resultado como si vas a auspiciar una auténtica competición.

Si quieres que alguien se sienta reconocido contigo, no le hagas promesas, porque las rechazará, pues las promesas obligan a uno a negarse con excusas o a comprar el favor con ruegos.

Quien se jacta en público de sus bienes, invita a quienes lo oyen a hacerle peticiones.

No repruebes a la ligera las decisiones que tomaron tus predecesores, pues ellos previeron lo que tú no adviertes. Tampoco concedas a la ligera privilegios para siempre, porque tal vez en un futuro te convendrá cambiar las cosas y no podrás hacerlo.

Evita dar la impresión de que vas prodigando obsequios y no te empeñes en remarcar su valor para que los aprecien. Averigua quién está necesitado, qué es lo que le falta y en qué momento. Si has ayudado a alguien, no se lo cuentes a nadie; lo ofenderás y parecerá que se lo echas en cara. Y si te ves obligado a contarlo, di que se trataba de una deuda por la que no se te han de dar las gracias ni las vas a aceptar. Pero si a ti te hacen un regalo, por muy modesto que sea, muéstrate siempre agradecido.

PEDIR

Vigila que tus peticiones no le dejen la bolsa vacía ni le exijan enormes esfuerzos a nadie. Basta con que le insinúes a tu amigo qué es lo que necesitas; si de esta manera no te lo da, tampoco lo hará ante tus ruegos. Muéstrate agradecido por lo que hayas recibido de él, pero hazlo de modo que se dé cuenta de que vas a seguir haciéndole peticiones. Si tienes que pedirle algo importante, trata con él de otros asuntos y, como si tuviera relación con lo que habláis, déjale bien claro lo que necesitas. Sé cauto a la hora de abordar a los grandes, porque están convencidos de que la gente los quiere manipular. Utiliza intermediarios, personas de buena cuna, por ejemplo: que un hijo interceda ante un padre, siempre y cuando no elijas a quienes necesiten precisamente lo mismo que tú.

El mejor momento para formularle una petición a alguien es cuando está de buen humor, en un día festivo o después de una comida, mientras no esté medio dormido. Tampoco lo hagas si está enfrascado en otros negocios o si está muerto de sueño, ni mucho menos se te ocurra pedirle varias cosas a la vez.

Si eres tú el que se ocupa de favorecer los intereses de otro, trátalo como si no lo conocieras y mantén con él muy poca relación, para que parezca que te mueve un interés honorable y público, y no uno privado.

Utiliza argumentos acordes con la manera de ser de las personas: a los avaros, háblales sobre todo de ganancias y pérdidas, a los devotos, de la gloria de Dios, a los jóvenes, del éxito o de la humillación entre sus amigos.

No le pidas a tu señor ni cartas de recomendación ni privilegios, porque tardarás mucho en obtenerlos. Redáctalos tú mismo, y en el momento oportuno, deslízaselos ante los ojos para que los firme.

No le pidas a nadie un objeto raro que le sea muy querido (sobre todo si a ti no te va a servir para nada). Si te lo niega, pensará que te ha ofendido y te aborrecerá, pues es humano aborrecer a quien se ha ofendido. Si te lo da, te maldecirá por esta petición tan poco delicada.

Dado que siempre es vergonzoso recibir una negativa, no pidas nada que no estés seguro de obtener. Por eso más vale que no formules peticiones directas, sino que te limites a dar a entender lo que necesitas.

Si deseas conseguir algo, nadie ha de darse cuenta de que lo quieres hasta que lo hayas obtenido. Por tanto, insinúa que concibes pocas esperanzas en este sentido, o haz correr el rumor de que se lo van a dar a otro, e incluso ve a felicitarlo.

Si te niegan algo, págale a alguien que vaya a pedirlo para él y de quien lo puedas obtener sin ningún problema.

Si alguien pretende hacerse con un cargo al que tú aspiras, envíale en secreto a un emisario para que, en nombre de la amistad, lo disuada de ello y le muestre todas las dificultades que habrá de afrontar.

ACONSEJAR

Empieza por hablar de cualquier cosa para pasar después a tratar en concreto esos hechos que te propones criticar. Entonces exagéralos y condénalos, pero varía algún detalle para que no se sienta tan directamente afectado aquél a quien aconsejas. Procura que te escuche de buen grado y sin enfadarse; añade alguna broma y, si lo ves triste, pregúntale el motivo. Finalmente, y entre otras consideraciones, aborda de manera general las soluciones posibles.

Si alguien se sabe sospechoso ante ti de un vicio determinado, encárgale en secreto algún asunto que, en cualquier caso, no entrañe ningún riesgo para ti. Él, para alejar de ti cualquier sospecha respecto a su persona, pondrá todo su celo en hacerlo bien. Por esta razón conviene de vez en cuando mostrar una actitud suspicaz con la gente.

Con los jóvenes ya mayores de edad, inclinados a llevar una vida licenciosa, si te empeñas en reprobarles seriamente la conducta, no harás más que incitarles a seguir por el mismo camino. Por esto es mejor esperar a que se arrepientan o a que se harten. Ahora bien, si consigues enderezar sus yerros, no pases bruscamente de la dureza a la suavidad. Con las personas frías sé directo e infúndeles temor, con los que son fogosos da muestras de suavidad y de tacto.

NO DEJARSE ENGAÑAR

No hay que dar demasiado crédito a lo que dicen los sabios, porque minimizan su propia superioridad y, en cambio, tienen en muy alta consideración la reputación de los otros. Nunca te contarán si alguien ha hablado mal de ti en su presencia, ni te dirán con quién has de ir con cuidado, ni cuáles son los defectos de éste o aquél. Sucede lo mismo con los sacerdotes, que alaban a sus penitentes porque lo único que pueden hacer con ellos es emplear buenas palabras, como hacen los padres con los hijos.

Si temes que alguien, en tu ausencia, suscite

quejas contra ti, revueltas o algo por el estilo, llévatelo contigo, con un pretexto amistoso, cuando salgas a pasear, a cazar, cuando vayas a un banquete, a una reunión, o a la guerra. De igual manera, a fin de evitar que las naciones vecinas se aprovechen de que te encuentras en campaña militar para rebelarse contra ti, lleva contigo a la guerra a la flor y nata de estas naciones, como si de los más fieles aliados se tratase, pero encárgate de que vayan escoltados por una pequeña tropa que te proteja de una traición.

Te será muy útil tener un espejo delante de ti cuando estás sentado a la mesa, o cuando escribes, para poder ver lo que sucede a tu espalda.

CONSERVAR LA SALUD

Cuida tu alimentación, que no sea escasa ni excesiva en cantidad o en calidad, y haz lo mismo con tu vestimenta según haga frío o calor. Evita las estrecheces al dormir y al trabajar; es recomendable una habitación que, sin ser demasiado alta, esté bien ventilada. La ingestión y la defecación, fuentes de enfermedad, el movimiento y el reposo deben ser moderados y las pasiones refrenadas. No vivas cerca de pantanos ni menos aún de ríos. Las ventanas de tu habitación han de estar orientadas mejor al noreste que al sur. No pases más de dos horas entregado a un asunto serio e interrúmpelo de vez en cuando para relajarte. Toma alimentos sencillos y que puedan encontrarse en cualquier región. Haz uso moderado de los placeres de Venus cualquiera que sea tu estado, siguiendo las exigencias de tu propia naturaleza.

EVITAR EL ODIO

No hagas de testigo en un proceso porque acabarás enemistado con una u otra parte. No comentes nada ni des información sobre alguien que sea de baja extracción o de humilde cuna. Si lanzas una pulla en una conversación, sigue hablando como si tal cosa. No otorgues a nadie un favor particular en presencia de otros, porque éstos se sentirán despreciados y empezarán a odiarte. Evita un éxito demasiado rápido y deslumbrante, pues puede ofuscar la vista de quien no se haya ido habituando a contemplarlo. No censures lo que gusta al pueblo, ya sean vicios o simples tradiciones. Si te ves obligado a reconocerte como autor de algún acto detestable, no te expongas a los odios que vaya a suscitar en un primer momento ni tampoco des la impresión, por tu comportamiento, de que te parece bien lo que has hecho, de que te enorgulleces de ello o de que te burlas de tus víctimas. Así no harás más que aumentar considerablemente el odio que sienten por ti. Lo mejor será que te ausentes una temporada para que, con tu silencio, todo acabe quedando en el olvido.

No introduzcas novedades en tu forma de vestir, en tu mobiliario o en los banquetes que des.

Si promulgas leyes, confía en la virtud, y que sean éstas de obligado cumplimiento para todos por igual. Da cuenta de tus actos para agradar a todo el pueblo, pero presenta hechos consumados a fin de evitar que te pongan objeciones.

Ten por regla general este principio básico: no hables de nadie a tu antojo, ni bien ni mal, ni vayas contando las cosas que ha hecho, sean buenas o malas. Pues puede suceder que le estés contando todo eso a un amigo de la persona de la que hablas y que éste algún día le haga llegar tus palabras, pero exageradas en el peor sentido, con lo cual acabarás enemistándote con aquella persona. En cambio, si resulta que no es tan amigo de aquél de quien estás hablando y oye que lo elogias, será su enemistad la que te ganarás. Es cierto que conviene saberlo todo, verlo todo, oírlo todo y tener espías, pero, en este sentido, hay que proceder con cautela, porque saberse espiado resulta ofensivo para cualquiera. Por lo tanto, debes espiar sin que nadie se dé cuenta.

Evita dar muestras, por así decirlo, de excesiva grandeza, porque algunos verán en ello desprecio; por ejemplo, no digas que dispones de muchos soldados o que no necesitas pedir nada a nadie. No presumas de que vas a ejercer tu cargo mucho mejor que tus predecesores y de que tus leyes serán más rigurosas que las suyas, pues así perderás a sus amigos. No anuncies tus proyectos, por muy justos que sean; habla sólo de aquellos que sepas que serán bien acogidos.

Con los que están a tu servicio actúa de la siguiente manera: No concedas a todos lo que era privilegio de unos pocos, ni trates a ninguno en particular de modo que parezca que compartes con él la autoridad, sobre todo si lo aborrecen los demás servidores. Tampoco distingas a ninguno en especial con recompensas, a no ser que todos reconozcan sus cualidades, en cuyo caso esto puede servirles de aliciente.

Si es necesario imponer algún castigo a tus subordinados, encomiéndaselo a otros como si no fueras tú quien lo ordena; así, si se quejan los afectados, les podrás rebajar el correctivo y echar la culpa a los que lo infligen como únicos responsables del castigo. Por ejemplo, en caso de indisciplina militar, encomienda a los oficiales la tarea de imponer las penas y los duros trabajos de castigo sin fijar un límite a su rigor. Ellos, para exculparse ante ti, caerán en una severidad excesiva, y así tendrás ocasión de practicar la benevolencia con los que recurran a ti.

A todo aquel que por su denuedo merezca una gloria plena, déjasela disfrutar solo, sin reivindicar tú parte de la misma; de este modo acabará retornando a ti con todo su caudal y sin que tú hayas demostrado envidia, lo que ya de por sí es un título de gloria. Tus logros y tus éxitos atribúyeselos a cualquier otro, por ejemplo a un hombre de bien con cuya ayuda, previsión y consejo has podido conseguirlo todo. No te vuelvas arrogante con el éxito, mantén tu manera de expresarte, tus costumbres en la mesa y tu forma de vestir, y no cambies en esto salvo por una razón muy justificada.

Si es necesario condenar a alguien, ingéniatelas para que él mismo se reconozca culpable o, si no, hazlo juzgar por otra persona a quien habrás ordenado en secreto que pronuncie una dura sentencia, que tú luego podrás suavizar.

No ultrajes a los que hayas derrotado ni a ningún adversario tuyo; cuando salgas vencedor, conténtate con la mera victoria sin jactarte de ella ni de palabra ni de obra.

Si te ves obligado a pronunciar una sentencia que te puede acarrear enemistades, recurre a una fórmula ambigua. Por ejemplo, habla con suma gravedad en favor de la parte que te interese que gane, pero concluye dando la impresión de que estás a favor de la otra. O bien prescinde de las conclusiones.

Si te piden que intercedas por alguien, promete que lo harás, pero al mismo tiempo da a entender que no está en tus manos conseguir algo y que el resultado podría ser el contrario al deseado.

Si has de tomar venganza, hazlo a través de otro o actúa en secreto.

Obliga al ofendido a perdonar a su ofensor y ayuda a este último a que huya rápidamente y sin que nadie se entere.

Si unos parientes tuyos se enfrentan en un proceso, no te decantes claramente a favor de los unos o de los otros. Búscate, más bien, unos asuntos que te tengan completamente ocupado, y así quedarás excusado ante ambas partes; ni la una ni la otra va a pensar que no has estado de su lado a pesar de no haber demostrado especial simpatía por ninguna de las dos.

Que nadie sepa que has participado con tus superiores en la elaboración de nuevas leyes, sobre todo si son especialmente gravosas. Muéstrate en público lo menos posible con quien ostenta el poder, cuéntale sin hacerte rogar cosas sin importancia y no te jactes de su amistad.

Si queda probada la gran influencia que ejerces sobre los poderosos, piensa que se te hará responsable de toda mala acción que puedan cometer. Por ello procura que tu señor escuche tus consejos y acepte tus sugerencias, pero que sólo en tu ausencia se disponga a hacer cambios. Esta advertencia ha de ser tenida en cuenta especialmente por los confesores de los príncipes.

Si elogian a tu familia o a tus antepasados, cambia de tema de conversación para que se den cuenta de lo modesto que eres; además tu reputación quedará así a salvo de las envidias. Si por el contrario te complaces en ello, despertarás odios.

No defiendas en público lo fácilmente grato y popular. Y, si te destituyen de tu cargo, declara públicamente el gran favor que te han hecho al preocuparse por tu tranquilidad. Busca argumentos que sean convincentes y así nadie hará escarnio de ti.

No trates de averiguar abiertamente quién te ha sido hostil y quiénes lo han apoyado. No hables nunca de tu enemigo, aunque resultará muy conveniente que conozcas todos sus secretos.

No te relaciones en público con aquellos a los que todo el mundo aborrece, ni vayas dándoles consejos.

Que nunca se sepa que tú estabas presente en una reunión en la que se han tomado decisiones que cabe considerar muy rigurosas, incluso si éstas afectan a gente sin importancia; a la larga podría creerse que has sido su promotor.

No critiques ni censures los actos de nadie, ni vayas vigilando si los demás cumplen con su deber. No te presentes sin avisar en los lugares donde mandan otros, por ejemplo en los campos, talleres o establos, donde podría creerse que vas a espiar.

Sé extremadamente cauto al indagar entre los sirvientes y los pajes sobre su amo.

Vigila que no haya nada que pueda resultar ofensivo para nadie en tu conducta, tus gestos, tu manera de andar, tus bromas, en el tono en que dices las cosas, en cómo las dices o en tus risas y entusiasmos.

Cualesquiera que sean tus ocupaciones, si viene a verte alguien, trátalo con toda amabilidad y haz que se sienta bienvenido, pero dile que es preciso que vuelva en otra ocasión y que te excuse por esta vez. Si aspiras a vivir en paz, tendrás que renunciar a muchas comodidades.

Por muchas mentiras e infundios que se invente alguien, limítate tú a escuchar mientras se los cuenta a otros sin corregirle ni demostrar que estás mejor informado. No recibas a nadie con una burla o con un chiste, faltándole incluso al respeto con tanta broma: podría tener la impresión de que te burlas de él gratuitamente. Y, si a alguien le sale algo mal, no te mofes de él, antes al contrario, procura encontrarle excusas, hazle hablar y ayúdalo.

No hagas uso de las prerrogativas que tienes por jurisdicción con personas que queden fuera de la misma.

ARRANCAR SECRETOS

Dígnate conversar incluso con hombres de baja extracción; con esta muestra de condescendencia te los ganarás y, si además los untas con oro, te lo contarán todo (procede igual con los pajes, aunque es muy arriesgado). Procura que los servidores que traicionan los secretos de sus amos desconfíen los unos de los otros, pero tú mantén fielmente la palabra dada, para que no pierdan la confianza en ti. Una vez hayas comprobado la información que te han dado, no la utilices inmediatamente.

CONOCER LA INTENCIÓN QUE HAY DETRÁS DE LAS PALABRAS

Ante todo, escucha atentamente las razones alegadas por la persona en cuestión y mira si concuerdan con aquello que él asegura hacer; luego piensa en cómo suele actuar y, por tanto, si es de fiar o no. Así, si uno de carácter sosegado habla con más ardor del habitual, no está hablando por él mismo. Y, si cambia bruscamente de opinión y la defiende con fervor, será señal de que ha sido comprado. Si no se deja convencer por unas razones bien fundadas, no está actuando por lo motivos que dice. Igualmente sucede si se vale de argumentos demasiado elaborados, sutiles, rebuscados, contrarios a su carácter o fútiles y, pese a ello, defiende fervientemente su causa. E igualmente sucede si, para defender un mismo punto de vista, alega razones diferentes y que contradicen lo dicho al principio una y otra vez, pues lo que decimos sin pensar lo olvidamos enseguida. A un hombre así, envíale a alguien de tu confianza para que se haga amigo suyo y lo vaya interrogando confidencialmente sobre lo que te interesa: le contará una versión absolutamente distinta de la que te haya contado a ti.

EVITAR OFENDER

Si te has mostrado reticente con uno que te hacía una petición, o incluso poco atento, no se te ocurra, al cabo de un cierto tiempo y en un asunto similar, mostrarte desprendido con otro que sea de condición inferior o igual a aquél, porque perderás la confianza de ambos y suscitarás el odio entre ellos.

No aumentes de pronto el rigor con el que tratas a tus subordinados, a no ser que a la vez aumentes también la generosidad, de lo contrario te odiarán o despreciarán. Al aumentar, en cambio, ambas actitudes, mezclarás amor y temor.

Si has de introducir alguna novedad que pueda ser mal vista por otros o incluso por el Príncipe, arréglatelas para que la culpa recaiga sobre los que te precedieron con su ejemplo, y así el odio, repartido entre tanta gente, será menos encendido.

Si se te considera el promotor de decisiones impopulares, concédele ostensiblemente al pueblo algunos beneficios, como rebajarles a unos los tributos o a otros las condenas. Muéstrate afable sobre todo con aquellos hombres que gustan a las masas.

Si estás pensando en algo absolutamente innovador, reúnete primero y en privado con un teólogo u otro experto y ponlo de tu parte para que, a ojos de la gente, parezca que sea él quien te esté convenciendo, incitando e incluso obligando a llevar a cabo el proyecto.

Si has de promulgar leyes nuevas, demuestra que son necesarias y consulta con hombres sabios sobre su implantación. O simplemente haz correr el rumor de que has seguido sus consejos sabiamente. Después, sin tener en cuenta esos consejos, promulga aquellas leyes que te parezcan bien a ti.

No le recomiendes a nadie una esposa o una criada, ni aconsejes a nadie un modo determinado de vida.

Guárdate de hacer de testamentario.

Si estás presente cuando un amo da instrucciones y órdenes a sus servidores, quédate allí, pero no intervengas sugiriendo algo o queriendo ayudar.

Suele suceder que cuando alguien llega a un lugar en el que no ha estado nunca se pone a cantar las alabanzas de las personas y de las costumbres del lugar de donde viene. Cuídate tú de caer en este error tan común.

Aunque en tu fuero interno pienses lo contrario, muéstrate partidario de la indulgencia tanto en los asuntos de conciencia como en los de otro tipo; ello no obstante predica siempre el más estricto rigor.

No te jactes ante nadie de gozar de gran influencia ante tus superiores o de contar con su favor; tampoco te explayes con nadie haciendo confidencias sobre lo que piensas de una u otra persona.

Cualquiera que sea el puesto que ocupes, siempre te ganarás las simpatías de tu superior proporcionándole alguna ganancia. Con tus inferiores más vale que te muestres un poco indulgente, o al menos que lo aparentes, antes que muy estricto.

Si te enteras de que ha hablado mal de ti uno que supuestamente era amigo tuyo, no se lo reproches: te granjearás la enemistad de quien hasta entonces era neutral.

No quieras saber todos los secretos de los poderosos: en caso de que se divulguen, se sospechará de ti.

Si alguien viene a verte para algo grato, por ejemplo para felicitarte o para transmitirte saludos, muéstrate extremadamente amable y cuando llegue el momento devuélvele el cumplido.

Si alguien, de palabra o de obra, no cumple con sus promesas, no se lo reproches: sólo te ganarás su odio.

En el juego, déjate ganar por tu señor en la medida de lo posible, es decir, sólo cuando arriesgues el honor y no el dinero. Así serás un hombre verdaderamente fuerte, si vences a los demás y sólo eres vencido por tu señor.

Por muy familiar que sea el trato que tengas con tu señor, no abandones jamás la actitud deferente y sumisa: de lo contrario creerá que esta familiaridad conlleva una falta de respeto.

No te jactes de haber influido con tus consejos en la decisión tomada por alguien, porque la próxima vez se te resistirá más. No te burles de lo mal que le ha ido a quien no ha seguido tus consejos y echa la culpa de lo sucedido al modo en que se han desarrollado los acontecimientos.

Tampoco te jactes de tus riquezas, de tu fuerza, de tu inventiva, de tu habilidad manual o de tu agilidad en la carrera.

Si has participado de los beneficios de los poderosos, si has sido admitido en sus consejos y les has ayudado, no reveles sus secretos ni trates de adivinar sus proyectos. Si has averiguado algo, finge no saberlo. Si has sufrido alguna injusticia por parte de alguien más poderoso que tú, no sólo no te quejes, sino que procura incluso que no se entere de que te ha ofendido: los poderosos odian a quien han ofendido.

Celebra los obsequios que recibas, por mínimos que sean, como si fueran regalos extraordinarios, si te los ha hecho tu señor; pregona y proclama que te gustan muchísimo.

Rechaza de todo corazón las distinciones honoríficas y procura que no te confieran muchas de aquellas que brillan tanto pero no sirven de nada.

INCITAR A LA ACCIÓN

He aquí cómo debes proceder: asume tú las dificultades de la empresa en la que vayas a embarcarte, y promete recompensas. Actúa igual que un general antes de la batalla, que hará proclamar las sumas de dinero por las heridas, es decir, lo que se pagará por tal o cual tipo de herida, y se expondrá al peligro por defender los bagajes; luego situará en el campamento una sólida fuerza defensiva para que la inquietud no se apodere del ánimo de los soldados.

ADQUIRIR SABIDURÍA

Permanece callado el mayor tiempo posible, escucha los consejos de otro y sopésalos un buen rato. Procura no dejarte arrastrar por sentimientos intensos. No sobrestimes tus palabras ni tus actos. No te ocupes de cosas inútiles y de las que no vayas a sacar ningún provecho en el futuro y, en fin, no te metas en los asuntos de los demás. Elogia por escrito las hazañas de los otros, incluso si tienes que erigirles enormes monumentos, pues su gloria recaerá sobre ti ganándote además sus simpatías y sin despertar en ellos la envidia. No te dejes llevar por la ira ni por la sed de venganza. Cuando te cuenten historias sobre el valor de otros, escúchalas con interés. Sólo en contadas ocasiones demuestra tu admiración ante lo extraordinario. Sólo en contadas ocasiones da consejos. No hagas nada por mera rivalidad. Evita los litigios aunque en algún caso esto te perjudique. No enseñes a nadie los objetos preciosos que posees y que son fácilmente codiciables. Si alguien te empuja a emprender algo, procura que asuma parte del riesgo.

Si has de hacer una recomendación o presentar una petición, o si has de embarcarte en algún negocio, primero consulta y busca en los libros de Historia casos que sean parecidos con el fin de inspirarte. Lee a menudo las obras de los rétores: explican los distintos medios de suscitar el odio, de volverlo contra quien lo provoca, de justificarlo, de apaciguarlo, etcétera. Hay que saber usar la ambigüedad y que nuestro discurso pueda interpretarse en uno u otro sentido sin que sea posible llegar a concluir nada en concreto. A veces la necesidad obliga a ello, como fue el caso de Aristóteles—según Gregorio Nacianceno[5]—que se valió de este artificio al consignar su pensamiento por escrito.

He aquí de qué modo hay que proceder al escribir libros o cartas cuyos consejos puedan resultar poco agradables: hay que ir desarrollando en forma de debate los argumentos en uno y otro sentido sin manifestar cuál es realmente tu opinión o cuál es la que cabe defender; en este sentido es bueno utilizar la digresión o la anfibología para expresar los deseos o los ruegos, o manifestar los sentimientos a través de alguna figura retórica.

Acepta las críticas que te hagan aun cuando no tengan fundamento, y no pretendas excusar tu conducta, porque en tal caso nadie querrá en un futuro darte consejos. Más te vale, en cambio, mostrar cuán afectado estás. En cuanto a las críticas que carecen de valor, déjalas correr o incluso reconoce alguna que otra.

---

[5] Gregorio Nacianceno (330-390), padre de la Iglesia griega, teólogo y poeta.

Ejercítate para ser capaz en todo momento de argumentar a favor de una y otra parte en una causa; a tal fin lee tratados de Retórica y discursos.

Si eres embajador y estás negociando con los enemigos, mantén puntualmente informado por escrito a tu Príncipe acerca de cualquier regalo que hayas aceptado de ellos, para que nunca se te considere sospechoso de traición. Actúa de igual manera en circunstancias semejantes.

No mandes en embajada a nadie que sea adversario tuyo: obrará contra tus intereses e intentará hacerse con el poder.

Ten siempre consejeros cuyos temperamentos se complementen (pues es difícil encontrarlos de carácter equilibrado): uno flemático y otro impetuoso, uno indulgente y otro riguroso. Con un consejo así llegarás a adoptar las mejores decisiones.

Vigila siempre de qué lado se inclina la fortuna o de qué lado podría inclinarse. Ten de tu parte a los que sirven al Príncipe, tanto a los más importantes como a los que no lo son.

Cada día, o unos días determinados, dedica unas horas a pensar cómo tendrías que reaccionar ante tal o cual acontecimiento.

Lleva un diario sobre tus amigos y servidores y a cada uno asígnale una página dividida en cuatro columnas. En la primera anota los problemas que te han ocasionado cada vez que han faltado a su deber. En la segunda, el bien que tú les has procurado y el trabajo que te has tomado por ellos. En la tercera, lo que han hecho por ti. En la cuarta, las molestias que les has ocasionado y el esfuerzo excepcional que les has exigido. Así estarás totalmente preparado para responder al acto al que se queje o se precie demasiado ante ti. Pon en práctica estas normas también en tus entrevistas diarias.

Sean justas o injustas, acepta las reprimendas de tu superior, excúsalo siempre ante otros y habla bien de él.

En la medida de lo posible, no hagas nunca promesas por escrito a nadie, y menos a una mujer.

Evita, si puedes, tomarle mucho apego a lo que más te seduce y atrae, o, al menos, adopta ante ello todo tipo de precauciones. Aunque tu situación esté suficientemente consolidada, nunca está de más afianzarla lo máximo posible. Tras haber llevado a buen fin una empresa, reflexiona sobre la misma como si fuera de otro; piensa en qué momento te habrían podido coger desprevenido, en qué momento podrías haber conseguido algo mejor, etcétera.

ACTUAR CON PRUDENCIA

Hay dos maneras de ser prudente. Una consiste en ser cauto a la hora de confiar; por ejemplo, aunque te encuentres entre amigos en un lugar seguro, no te fíes de ninguno, sino que sospecha de todos, porque pocas son las amistades que no decepcionan.

La otra consiste en una cierta generosidad que nos impide decirle a cada cual la verdad de manera espontánea y corregirle los errores y la conducta. Es verdad que esta actitud es parecida a la hipocresía, pero es muy útil y además apenas entraña peligro.

No confíes ningún secreto, porque no hay nadie que con el tiempo no pueda convertirse en enemigo tuyo. No hagas nada en estado de euforia, pues cometerás errores o te expondrás a peligros.

No esperes que nadie interprete en el buen sentido lo que tú haces: ya no queda en el mundo gente que lo haga.

No escribas en una carta nada que no quieras que lea un tercero; llénala, en cambio, de alabanzas de aquella persona a cuyas manos creas que va a llegar. Si te das cuenta de que alguien te quiere sacar cierta información haciendo ver que ya está al corriente de ella, no lo corrijas si se equivoca.

Disimula o excusa los defectos de los otros, oculta tus sentimientos o muestra unos opuestos a los tuyos. En la amistad, por grande que sea, ten presente el odio. En la dicha ten presente la adversidad.

Si obtienes una victoria militar, bajo ninguna circunstancia devuelvas al enemigo los prisioneros de mayor rango; así, si cambia la suerte, el enemigo se verá obligado a tratarte con deferencia. Por lo demás, muéstrate generoso con los generales enemigos y mantén una buena relación con ellos, salvo en caso de fuerza mayor.

No hagas abiertamente nada de lo que no puedas dar cuenta de inmediato, porque los hombres condenarán lo que has hecho sin aguardar explicaciones. Vivimos en un mundo en el que, si las virtudes más probadas son condenadas, con mayor motivo lo serán las dudosas.

Si tus inferiores o sirvientes te formulan alguna petición, haz que te la pongan por escrito para que puedas pensar con calma en ello; tú, en cambio, no les des la respuesta sino oralmente.

Si te enzarzas en una discusión en la que corres el riesgo de caer en la trampa de tus propias palabras, empieza por avisar de que casi todo lo que vas a decir es broma; pon a prueba a tus interlocutores llevándoles la contraria de vez en cuando y muéstrate de acuerdo con ellos en lo demás. De esta manera, si cometes alguna imprudencia, podrás justificarte diciendo que ya les habías avisado de que ibas a hablar casi todo el rato en broma.

Si tu afición por el juego, por la caza o por el amor te tiene fuertemente sometido, o si te sientes arrastrado por otra pasión, renuncia a ello definitivamente; de lo contrario, llegarás a cometer muchas imprudencias.

Con los niños, los ancianos, las personas cortas de entendederas, los que tienen mala memoria y, sobre todo, con los tiranos, nunca hagas nada si no es en presencia de testigos. Pídeles que te pongan por escrito lo que te encarguen y sólo así acéptalo.

No des consejos a hombres violentos e impetuosos, pues sólo juzgan por los resultados.

Cuando sea probable que te estén observando, habla muy poco, porque es fácil equivocarse en la charlatanería.

Fíjate bien en las virtudes y en los defectos de cada cual, a fin de que, si es necesario, puedas hacerles tomar uno u otro partido: éste es un buen arsenal, muy útil además para muchas cosas.

Es importante que las ventanas se abran hacia adentro y que el marco de las mismas esté pintado de negro, para que no se distinga si están abiertas o cerradas.

DESEMBARAZARSE DE UN HUÉSPED PESADO

Ponte de acuerdo con un criado para que, a una señal tuya, se presente y, hablándote al oído, haga ver que te informa de unos asuntos de gran importancia que urge resolver. O bien haz venir a un mensajero con una carta que te anuncie una catástrofe o revueltas entre tus subordinados. El médico te habrá prohibido beber, hablar, etcétera. Manda que te traigan un caballo ensillado como si estuvieras a punto de partir. Da avena a los caballos de este huésped, pero que antes la hayan removido bien dentro de una piel de lobo.

Dale una cuadra, pero en la que esté enterrado el cadáver de un lobo.[6] Dale una habitación, pero con la cama colocada a propósito debajo de una ventana que se abra cuando llueva. Obstruye el tiro de la chimenea para que ésta ahume nada más encenderla.

CONVERSAR CON LA GENTE

Debes tener claro a cuál de los dos tipos siguientes perteneces: algunos hombres no son buenos conversadores en un primer momento, pero van mejorando al cabo de un rato; su sabiduría no sale a la luz desde el comienzo, sino que diríase que aguarda en el vestíbulo. Otros se revelan en un principio como hombres sabios y eruditos, pero alargan demasiado la conversación, con lo que ésta empeora; no atinan en sus razonamientos o pierden el hilo del discurso. Así pues, adapta tu conversación a tu temperamento. Si te hallas entre los del primer tipo, entáblala sólo en contadas ocasiones, pero que sea una larga con-

---

[6] Cabe suponer que a los caballos les entra el pánico con el olor a lobo.

versación. Si entre los del segundo, conversa con frecuencia, pero ve abreviando cuando te des cuenta de que ya has causado buena impresión.

Ve poco de visita a las casas de otros; así serás un huésped más apreciado. Aborda temas de conversación que sepas que interesan a tu interlocutor: con unos hablarás de entelequias, con otros de armas, o con otros de poesía, haciendo ver que compartes con ellos sus aficiones.

No pretendas mantener una conversación si estás muy pendiente de otros asuntos, porque prestarás poca atención.

Con los melancólicos muéstrate serio, con los coléricos, bilioso, y con tus superiores, paciente.

No adoptes aires de gravedad con un sabio o con un especialista en el asunto que estés tratando; sé parco en palabras y no abrumes con tus argumentos. Haz todo lo contrario si hablas con profanos en la materia. Ten en cuenta las circunstancias, si te son o no favorables. Con aquellos hombres que son influyentes por pertenecer a un partido o por gozar del favor de los poderosos, no escatimes ningún esfuerzo para ganarte su amistad. Prepárate para hacer frente a cualquier contingencia imaginándote determinadas situaciones, como, por ejemplo, que en una reunión alguien te lance una pulla, a fin de prever qué respuesta mordaz le puedes dar sin inmutarte aparentemente. Ten por seguro que la imagen que ofrecerás desde fuera será la que hayas conformado en tu interior.

Si tienes que contar algo de una tercera persona, no menciones ni su nombre ni tampoco algún lugar, fecha o circunstancia que a cualquiera que casualmente esté escuchando le permita deducir de quién se está hablando. En cuanto a esas historias que, por muy verdaderas que sean, nadie se las puede creer y parecen una novela, no te empeñes en contarlas una y otra vez.

Trata con respeto a todo el mundo como si fueran tus superiores.

Muestra sinceridad al hablar de aquellas cosas que, si se divulgan, en nada te van a perjudicar, antes bien contribuirán a tu buena fama: elogia, por ejemplo, las virtudes reconocidas por todos y no las falsas.

Esquiva la conversación con aquellos que se dirigen a ti para prestarse o mostrarse dispuestos a cometer cualquier fechoría, porque acabarán volviéndose contra ti.

Evita a los locos y a los desesperados: tratar con ellos es muy peligroso.

Con los príncipes, sé siempre parco en palabras: prefieren ser escuchados a escuchar. Con ellos, hazte el filósofo y no el orador, y, por muy amistosos que se muestren, sé respetuoso.

Da a los ancianos un trato preferente, sigue sus consejos, alábalos y muéstrales respeto, porque se enfadan con mucha facilidad. A los vanidosos alábalos y muéstrales respeto. Con los necios escoge tú el tipo de relación. Con los charlatanes, que hablan sin cesar de cualquier cosa, ten poco trato.

Muéstrate solícito en alabar lo que le gusta al otro y en condenar lo que detesta; si haces lo contrario, aunque sea inconscientemente, lo ofenderás. Cuando estés solo con un amigo, trátalo como si fuera el único que tienes en el mundo.

BROMEAR

No caigas jamás en la obscenidad de palabra o de obra (eso es cosa de bufones). No imites el piar de los pájaros ni otras voces de animales.

Nunca hagas broma de las cosas serias ni de ningún defecto físico o moral del otro del que pueda avergonzarse: dejarás en él un amargo recuerdo.

No vayas contando las desgracias de otra persona—se encuentre o no presente el interesado—; estas cosas se pueden escuchar, pero no repetir. Para una conversación agradable y decorosa es conveniente que leas a escritores en cuyas obras se narren muchas anécdotas, y también a poetas, para que aprendas a ponerle sentimiento a lo que cuentes. Cuando hagas una descripción, no te lances alegremente a dar nombres ni añadas ningún detalle inconveniente.

SORTEAR LAS TRAMPAS

Finge un enfrentamiento con un amigo de modo que él se imagine que es de verdad: desvelará sus sentimientos aprovechando una ocasión como ésta. Una vez rotos los lazos por la repentina enemistad, sé fuerte y sepárate de él.

He aquí cómo proceder ante las emboscadas de los ladrones de caminos y ante cualquier circunstancia en que sepas que te quieren tender una trampa. Aléjate de los demás y avanza solo hasta el lugar en el que se vaya a soltar la trampa contra ti; cuando se suelte, huye de modo que hagas caer en esa trampa a los que te la han tendido. Si la trampa te la ha preparado un hombre poderoso, alega un pretexto para no salir a un camino principal y busca un atajo: así, no caerás en la trampa, pero tampoco demostrarás que te has dado cuenta de la treta.

Si te empujan a hacer algo de lo que vayas a salir mal parado, manifiesta ostensiblemente tu buena disposición y da a entender que te preparas para ello, siempre que no te suponga grandes dificultades. Y entretanto disponte a hacer todo lo contrario.

GANAR DINERO Y CONSERVARLO

No desprecies un módico regalo en metálico y evita el gasto excesivo. No seas muy desprendido con las raciones de pan y de alimentos, y no dejes que se desperdicie la avena de los caballos. Rodéate de buenos administradores y aprende sus métodos. Piensa qué productos de tus tierras se pueden vender, qué se ha de plantar, qué campos se han de cultivar y, para todo esto, acude a expertos. Tienes que estar al corriente de todo lo que producen tus tierras y hacer caso siempre a los entendidos.

Si tienes que hacer un gran gasto, prevé de antemano de qué manera puedes obtener esa suma de dinero para no tener que desprenderte de nada. Por ejemplo, si hay que invertir cuatro mil escudos para reclutar a unos soldados magníficos, es preciso imponer antes multas por el juego u otros vicios similares, para equilibrar gastos.

Los enseres de casa, que se estropean con el uso y pierden valor, no han de ser muy caros; bastará con que sean los apropiados para una persona de tu rango. Así, no compres de esas copas de plata cuyo valor real está sobre todo en el trabajo del artista, pues, si un día te falta dinero, comprobarás que fue una mala inversión.

He aquí cómo descubrir si te engaña tu intendente. Después de que te haya presentado el balance de cuentas, pídele, haciendo ver que ya no te acuerdas de nada, que te vuelva a explicar lo mismo de memoria. Si sus palabras no coinciden con lo antes dicho, es que ha cometido fraude.

OBTENER Y CONFERIR HONORES

Insiste primero en que es absolutamente necesario otorgar tal o cual distinción, precisando toda una serie de detalles que te acaben designando a ti como destinatario. Entonces recházala en principio alegando que en tu actual posición tú ya disfrutas prácticamente de las prerrogativas de esta distinción.

Pon empeño en que se sepa que con tus buenos y sabios consejos se ha hallado la manera de llevar a cabo muchas cosas para el pueblo, como la construcción de albergues públicos para los pobres, sin necesidad de la contribución de los súbditos.

No aduzcas tu talento y tu capacidad para obtener cualquier cargo presumiendo que necesariamente te lo han de dar a ti al no haber nadie tan capacitado como tú para desempeñarlo. Pues hoy se prefiere otorgar cargos a los incompetentes antes que a los que se lo merecen. Actúa, pues, como si sólo esperaras obtenerlos por el mero favor de tu amo.

Para obtener cargos, toma la delantera, promete favores, utiliza intermediarios, no dejes pasar la oportunidad de prestar los servicios que has prometido. Rebájate, di en público que no eres digno de este honor pero que, si te lo otorgan, te mostrarás sumamente agradecido.

Si las funciones que desempeñas implican

disponer de mucho dinero y ser más rico que los demás, para evitar que se las puedan confiar a otra persona, invierte a largo plazo todo el capital de este cargo. Así, cualquier otro que, para desempeñar tus funciones, tenga que aportar una gran suma, no sabrá de dónde sacarla, y todo ese dinero seguirá en tu poder.

Es muy conveniente apuntar lo más alto posible. Si emprendes un determinado estudio, pon en el mismo toda tu energía sin caer en esa vanidad intelectual que a ciertos eruditos complace demostrar en sus estudios. Si a lo que aspiras es a la virtud, que sea en un alto grado; si a los honores, granjéate los más altos posibles, y así tendrás absolutamente asegurada tu situación estés donde estés.

La administración de los bienes no ha de ser encomendada a nadie de por vida, sino por tres años. De esta manera, al que haya aumentado tus bienes y se haya ocupado de ellos con buena voluntad, confírmalo en el puesto también sólo por tres años, para evitar que de la seguridad nazca la indolencia.

Mientras te sonría la fortuna, aprovéchate, porque ésta fácilmente te vuelve la espalda. Mientras te quieran, pide todo lo que puedas.

Muéstrate a veces manso, otras enfadado. Sé el primero en recibir recompensas y honores.

RESPONDER A LAS PETICIONES

No digas que no de inmediato, sino con un largo discurso. Si ya has negado a algo una vez, muéstrate firme y no cedas salvo por motivos serios. Si vas a responder negativamente a una petición, quédate un rato pensando y después finge que te aflige tener que decir que no. También puedes hacer ver que te ha llegado una carta o que te acaban de comunicar una desgracia; a tal fin te convendrá estar confabulado con un sirviente para que, a una señal tuya, interrumpa y dé a entender al solicitante con la voz y con el gesto que no te es posible satisfacer la petición. En cualquier caso afirma que te parece bien su solicitud y, si insiste en ella, dedícate a preguntarle de qué otra manera podrías darle muestras de tu amistad. Ordena entonces a un sirviente, prevenido de antemano, que se ocupe de él, dándole explicaciones e instrucciones sobre cómo ha de hacerlo, y que vele por los intereses de él como si fueran los suyos propios. Si envías a tu solicitante a que vaya a ver a otra persona, explícale bien—para que al menos obtenga algo de ti—de qué manera puede llegar hasta él.

El vulgo tiene un temperamento que prontamente se exalta, pero que enseguida decae y languidece. Por eso, si uno del vulgo te pide algo que no es justo, no se lo niegues de buenas a primeras, sino convéncelo de que lo deje para más adelante con buenos pretextos y alguna que otra palabra amable; y si lo que te pide es algo que desea fervientemente, no te inquietes: o desistirá, o acabará por pedirte lo contrario.

Acepta como tal el odio que alguien sienta por ti; en esto, a diferencia de lo que pasa en el amor, no hay hipócritas.

Si no le puedes negar un cargo a una persona, confiérele uno que le ponga a él en peligro sin causar problemas a la administración pública. O, con el pretexto de que es un gran honor, retenlo en la corte. Tienes que inventarte presentes honoríficos que no salgan muy caros de otorgar, como se hacía antaño en Roma con las coronas de laurel o los brazaletes a modo de galardón; el espíritu de los hombres se deja llevar más por las apariencias que por un auténtico presente.

Fija un día al año, o al menos cada tres años,

para consultar el registro en el que están consignados tus servidores, a fin de destituir a algunos de sus funciones, promover a otros para más altos puestos, distribuir cargos y prestar oídos a alguna que otra petición. Pero haz saber antes que, si bien estás dispuesto a escuchar a todo aquel que te formule una petición personalmente, rechazarás al que la presente a través de un intermediario. Di que no a todo lo que te comprometa a largo plazo.

APARENTAR CUALQUIER SENTIMIENTO

Extrae de las obras de los poetas modelos de expresión de los sentimientos, como los que incluye el *Palatium Eloquentiae*,[7] y entrénate en afectar aquellos que más vayas a necesitar hasta que hayan calado en ti. No le descubras a nadie, ni siquiera a un íntimo amigo tuyo, tus sentimientos verdaderos, pero finge que sí lo haces. La expresión de tu rostro, al igual que tu corazón, adáp-

---

[7] Se trata del *Reginae Eloquentiae Palatium sive Exercitationes oratoriae*, tratado publicado en 1641, obra de Gérard Pelletier, profesor de gramática y de retórica.

talas a ese sentimiento, y también la flexión de la voz, a la vez que tus palabras. De hecho, en la cara se pueden leer la mayoría de los sentimientos. En caso de que seas temeroso, vence este sentimiento pensando que eres el único que lo sabe, y actúa con valentía. Haz lo mismo con otros sentimientos parecidos.

OFRECER BANQUETES

Para no descuidar tu economía procúrate una buena cantidad de cosas que se puedan volver a utilizar, como figuras de azúcar o de cera en forma de fuentes o de montañas, y esos autómatas musicales. Procede del mismo modo con los objetos preciosos. Sólo en contadas ocasiones haz pintar los blasones de tus invitados o ten salvajes vestidas con pieles de animales para que sostengan las antorchas en la sala del banquete. Ofrece vinos y licores de diferente color y de variado olor y sabor como si los hubieras hecho traer de todas partes del mundo; también vinos artificiales como aquellos de los que habla Arnau de Vilanova.[8]

---

[8] Se atribuía a Arnau de Vilanova (*ca.* 1235-1311), el célebre

Que haya ensaladas guarnecidas de flores de todos los colores, huevos enormes rellenos de muchos otros y condimentados con plantas aromáticas, cirios encendidos saliendo del hielo, volcanes arrojando llamas perfumadas, fuentes de las que brote nieve y frutas aromatizadas artificialmente. También haz llevar a la mesa manzanas que todavía cuelguen de su rama, lo que poco te ha de costar pudiendo tener manzanos en tu jardín. Que haya también legumbres de diverso color y bien perfumadas, como si fuera algo exótico. La fruta ha de ser servida en fuentes, formando racimos, y la carne ha de estar guisada de maneras diversas y singulares, como en las recetas de Platina y de Apicio.[9] De hecho, en un banquete no se valora la calidad sino la originalidad. Así, haz

---

médico, reformista espiritual y escritor, la invención de los licores espiritosos.

[9] Bartolomeo Sacchi, llamado el Platina (1421-1481), escritor y humanista italiano. Autor de numerosos escritos de asunto historiográfico, político y religioso, su mención en el texto se debe a su obra *De honesta voluntate et valetudine*, un estudio sobre temas culinarios que, desde su publicación en 1475, gozó de gran éxito. Marco Gavio Apicio (*ca*. 25 a.C.-39 d.C), poseedor de una inmensa fortuna, se dedicó a la gastronomía más refinada y compuso un tratado sobre recetas de cocina. Ahora bien, la obra que se ha conservado a nombre de Apicio, el *De re coquinaria*, debe datarse hacia los siglos IV o V.

preparar una mezcla de cangrejos vivos y cocidos, una carne sin deshuesar rebozada en harina y unas piezas de carne en unos moldes de madera en forma de peces, aderezándolo todo con sirope a modo de salsa. Que aparezcan y desaparezcan unas ruedecillas hechas de hielo, cambiando de vez en cuando de color. Que haya quesos más o menos fuertes y de variada forma. La vajilla en la que se sirva la comida puede estar adornada, por ejemplo, con piedras preciosas falsas.

EVITAR DAÑOS

Presta atención a cualquier desperfecto por mínimo que sea; tus administradores deben mostrártelo inmediatamente señalando los peligros que puede acarrear en caso de que ocurra algo si no se atiende a esta urgencia. También ellos te sugerirán la manera de arreglarlo. Tienes que llevar las cuentas de lo que hay que vender y de lo que hay que comprar, y consultar con expertos aquello que ignores. Cada semana el intendente te hará un informe sobre tus administradores y demás personal. Ten un hombre que vigile que todo se halle en orden y que haga la ronda alrededor de la casa comprobando si todo está cerrado o si ha desaparecido algo. Si eres tú el que ocupa uno de estos cargos, informa de todo lo que entra y sale y, siempre que tu amo se muestre benévolo, sé honrado al presentar las cuentas.

INTRODUCIR UNA NOVEDAD

Empieza por plantearte estas cuatro cuestiones. Primera: esta innovación ¿te va a ser útil o perjudicial? Segunda: ¿tienes capacidad para llevarla a cabo? Tercera: ¿resulta adecuada a tu condición? Cuarta: ¿te aprecian en el lugar que has elegido para introducir esta novedad?

NO JUGÁRSELA

Si apuestas con uno que un asunto va a tener éxito, apuesta con algún otro que va a ser un fracaso, y así no perderás nada.

En un pacto por escrito que pudiera costarte caro, añade unas cláusulas lo suficientemente vagas como para que puedan interpretarse en sentido amplio o estricto. Por ejemplo, en el caso de la rendición de una ciudad, comprométete a respetar todos los bienes a condición de que no se produzca ningún disturbio. Pero no precises si ha de ser un disturbio popular o un disturbio de unos pocos, que, por lo demás, podrían ser gente de tu bando. Así, en caso de necesidad y si la justicia lo exige, podrás alegar que el pacto no es válido. Cuando adoptes un compromiso, si haces las cosas según mi criterio, fácilmente podrás incumplirlo.

OCULTAR LOS ERRORES

Si hablando se te ha escapado alguna inconveniencia o si has actuado de manera irreflexiva, finge inmediatamente que lo has hecho para poner a prueba a los demás o para imitar a alguien. Échate a reír como si hubieras logrado causar el efecto que querías o, por el contrario, laméntate de no haberlo conseguido.

Si alguien se equivoca por ignorancia, no des a entender a nadie, por las preguntas que le hagas, que tú habrías cometido la misma equivocación, también por ignorancia. Piensa de qué manera podrías averiguar qué ha pasado en realidad; por ejemplo, pídele a esa otra persona que te dé su opinión, que te diga qué habría hecho en unas circunstancias similares, pero cállate tú la tuya para que no se dé cuenta de lo que ignoras.

Si te has olvidado de algo que habías dicho con anterioridad (y esto les pasa también a los que son sinceros), debes ir con cuidado para evitar decir accidentalmente lo contrario. Por eso es necesario que anotes cualquier cosa importante que digas. Ten también mucho cuidado en no confundir a una persona con otra, pues te arriesgas bien a demostrar tu ignorancia o bien a revelar tus verdaderas intenciones. Actúa, pues, con cautela para evitar ambos peligros.

CONCITAR EL ODIO CONTRA LOS ENEMIGOS

Elogia a quien te conviene que caiga en desgracia delante de la persona que lo favorece, pero de tal manera que el elogio acabe resultando ofensivo para su protector. Añade luego que todo esto son rumores que corren y que no hablas a título personal, dejándole llegar a la conclusión de que debe velar por su reputación. Insinúale que la fama de su protegido va de mal en peor, pero anímale al mismo tiempo a despreciar estos rumores y a dejar que estas falsedades caigan en el olvido. Comprenderá entonces que este asunto le afecta a él personalmente. También puedes elogiar su clemencia, hacer ver que sientes compasión y ponerte a hablar en tono patético de las pasiones de su protegido, exagerándolas bien, y de las consecuencias de las mismas. Di que es un hombre excepcional, pero que el vicio lo ha echado a perder. No digas de qué vicio se trata.

No amenaces nunca a quien pretendas perjudicar, porque tomará precauciones; déjale creer, en cambio, que no estás a su altura y que, aunque quisieras, no podrías nada contra él. Gánate su amistad, invítalo a comer para hacer que se sienta en confianza y ten allí unos espías infiltrados ante los cuales hazle hablar en contra, por ejemplo, del Príncipe, con lo que ya tendrás un motivo para denunciarlo.

Exagera las fechorías de tu enemigo y las desgracias que éstas pueden causar si no se lo castiga. Al mismo tiempo, para que no parezca que te domina la pasión, intercede por él para que le perdonen, pero ten cuidado de no conseguirlo. Vuelve a abordar por extenso sus defectos más aborrecibles interpretando a tu manera sus costumbres y acciones. Cuando se presente la ocasión y lo veas tambalearse, empújalo al abismo.

Nunca hay que presentar batalla a muchos adversarios a la vez; mientras te enfrentes con unos, reconcíliate temporalmente con los otros.

Afianza bien tu posición antes de atacar a otros y no te dejes llevar por los deseos de venganza, no sea que vayas a perder la oportunidad de hacer progresar tus asuntos.

ROMPER UNA AMISTAD

No pongas fin bruscamente a una amistad; por mucho daño que te haya hecho un amigo, no le des muestras de odio, antes bien perdónalo, pero después ve apagando en ti poco a poco el gran afecto que sientes por él de modo que se vayan deshaciendo todos los lazos suavemente. Mantén algún trato con él de vez en cuando y, si lo exigen las circunstancias, por motivos de negocios por ejemplo, habla con él sin extenderte mucho o incluso invítalo a comer para no dar la impresión de que antes sólo eras amigo suyo porque lo necesitabas.

Si tienes la seguridad, o sólo la impresión, de que alguien cuenta con el afecto de su amo, comprueba si es cierta esta amistad. Convence al que afirma tal cosa de que le pida a su amo un objeto que éste aprecie con locura y del que no vaya a desprenderse de ningún modo. Cuando haya recibido la negativa, como quien no quiere la cosa, exagera el hecho de que se le haya negado un objeto de tan poco valor.

Incita a uno a que le pida a un amigo suyo ciertas cosas que con toda seguridad no va a saber conservar en buen estado, como unos caballos para un viaje largo o unos vestidos para un festín y, además, que lo haga en un momento en que este amigo lo necesite para él. Tanto si lo consigue como si no, uno de los dos se sentirá agraviado. O bien, haz que le pida cualquier otra cosa sin fijar un plazo para devolverla; así, el que la ha prestado, temiendo ofender al otro si se lo va recordando e indignándose al mismo tiempo, acabará por sentirse incómodo cuando se encuentre con él. De esta manera la amistad irá enfriándose.

Haz correr el rumor de que alguien vive gracias a los consejos de su amigo y de que no puede hacer nada sin él. O, todavía peor, el rumor de que su amigo va contando de él que no tiene ni casa ni familia, y de que se va quejando del gran gasto que esto le supone. Cada vez se verán menos y acabarán por distanciarse del todo. También puedes incitarlo a que le confíe a su amigo un secreto que, mientras tanto, tú habrás hecho divulgar entre otras personas, y así conseguirás que dude de si se puede confiar en su amigo.

ALABAR A OTROS

Hazlo aparentando un tono sincero, di que tus palabras te salen del alma, que sólo piensas en el bien común y que no hay cosa que aborrezcas más que la adulación. Continúa señalando que hay que disculpar la indulgencia y la clemencia de este hombre, pues su profunda piedad le hace ser menos severo. Nunca hagas elogios de esos en los que la alabanza a uno constituye una crítica indirecta a los demás, salvo si te encuentras en medio de una multitud donde todos hablan a la vez sin que nadie entienda nada. Por eso más vale que no pretendas alabar las virtudes de un amigo tuyo y que ocultes bien sus defectos.

EVITAR QUE ALGUIEN RECHACE UN CARGO

Dile que estarías dispuesto a aceptar sus excusas y sus ruegos si no hubieras tomado esta decisión teniendo en cuenta su propio interés. O deja el nombramiento en una carta que no pueda leer hasta unos días después de que te hayas ido y, mientras tanto, ve anunciándolo a todo el mundo. Si te escribe una carta, no la respondas. Si te lo pide de palabra, límitate a decirle que sólo desempeñará el cargo durante muy poco tiempo y que pronto quedará liberado del mismo si quiere, pero que le convendría hacer méritos para poder cerrarles la boca a los envidiosos. Acaba, en fin, asegurándole que tú sólo confías este cargo a aquellos hombres de reconocido valor que están llamados a asumir las más altas responsabilidades.

REPRIMIR LA IRA

No te dejes llevar por un arrebato de ira contra alguien, porque una y otra vez acabarás por descubrir que lo que te han contado de esa persona es mentira. Si hasta ese momento das rienda suelta a tu ira, al final serás tú el perjudicado.

Si te ofenden, lo mejor es que actúes como si no hubiera pasado nada, porque las disputas sólo generan disputas, y ya no tendrías paz. Y aun en el caso de que resultaras vencedor, esa victoria sería peor que una derrota, ya que durante ese tiempo te habrías ganado el odio de muchos.

Si te lanzan una pulla, la mejor respuesta es demostrar que has percibido perfectamente la ironía, o incluso la mala intención de lo que te han dicho, y a la vez hacerte el ingenuo respondiendo sólo a las palabras y no a la idea de fondo. Después, finge tener la mente ocupada en otras cosas.

Si alguien, sin nombrarte explícitamente, se pone a arremeter contra ti de forma escandalosa al denunciar una acción condenable de cuya autoría te supone responsable, censura tú con tono severo esta acción y a los hombres capaces de cometer tal villanía, como si no te hubieras dado por aludido. O finge no haber comprendido de qué se trata y responde algo que no tenga nada que ver. Ahora bien, si llega a nombrarte, compórtate como si sus ataques no fueran en serio y sólo estuviera fingiendo encolerizarse contigo. Contéstale con alguna broma que no pueda molestarle y le haga reír. También puedes sumarte a él en su invectiva contra ti, como si estuvieras hablando de un tercero, y mostrarte tú mucho más crítico que él; después, cuando se te acaben las razones, con modos más suaves desmonta definitivamente su invectiva haciéndole ver que no había para tanto.

Si alguien te recibe en su casa de manera poco cortés, finge no darte cuenta, oculta tu enfado y compórtate como si hubieras sido recibido con todos los honores. De este modo hallará su castigo y su vergüenza en su propia grosería e intentará reparar su error con una actitud obsequiosa.

Se cuestionará tu nobleza si te la han concedido hace poco. Cuando alguien arremeta contra los recientemente ennoblecidos, ponte de su parte y alaba la antigua nobleza de sangre. Observa la misma conducta en otras circunstancias de este tipo.

Si es evidente que buscan pelea contigo y ya no hay lugar para el disimulo, ten siempre a punto como respuesta alguna broma o alguna anécdota que en cierta manera esté relacionada con la situación, pero que te permita desviar la conversación hacia otros asuntos ya previstos por ti. Para casos como éstos también conviene tener a alguien que, a una señal tuya, te traiga una carta; entonces puedes decir que se te ha anunciado una buena noticia o que has de salir precisamente ahora para ir a ver algo.

Dale tiempo a tu enemigo para que se dé cuenta por sí mismo de lo indigno que es su comportamiento; no pretendas hacérselo ver tú. Así no podrá excusarse en nada que tú hayas hecho para enfurecerse.

Es fácil irritarse con quien se ha comprometido a resolver sin falta un asunto en un plazo determinado de tiempo, y después se lo impide algún imprevisto. Por esta razón, guárdate de los compromisos de este tipo.

HUIR

Haz que te traigan alcohol, por ejemplo aguardiente, haciendo ver que te apetece beber, y derrámalo en tu ropa y en tu jergón, mójalos bien y no hagas nada más por el momento. El carcelero creerá que actúas por desesperación y, descuidando la vigilancia, irá a alertar a los otros. Aprovecha entonces la oportunidad. O finge una enfermedad: por ejemplo, provócate unas deposiciones sanguinolentas comiendo rubia, o una alteración del pulso hiriéndote cerca del codo, o palidez comiendo moho. Pide después que llamen a un médico y quéjate de padecer insomnio. Suplica entonces que te trasladen a la casa del carcelero y dile que quieres compartir con él la cena; pide luego un somnífero y échalo en la bebida del carcelero.

Mientras estés preparando tu huida, di delante de tus hombres que piensas llevarte una espada; así, en caso de que tus perseguidores interroguen a uno de los tuyos, eso les descorazonará. Si te persiguen, deja tu espada ensangrentada en un camino o tus ropas en la orilla de un río como si te hubieran arrojado a sus aguas. También puedes convencer a tus compañeros de que se pongan a resguardo y, una vez solo, incendia la casa en la que te encuentres para que parezca que te han devorado las llamas. Toma un caballo que sea dócil para poder ponerle herraduras dobles, y llévate comida para un cierto tiempo.

Nunca hagas preguntas sobre una sola ruta, sino sobre varias a la vez, y si alguien te está observando, toma un camino distinto del que pretendías seguir. Procede de igual manera cuando salgas de una ciudad o de una villa: parte campo a través y luego, tras haberte cambiado la vestimenta, el manto, y haber mudado todo tu aspecto, retrocede hasta tomar la ruta que te conviene. Si los que te persiguen te van pisando los talones, hiere a tu caballo y déjalo huir; así, cuando caiga en manos de esos hombres, se creerán que te han matado. Deja tu gorra flotando en la superficie de un río o de un pozo, para que piensen que te has ahogado. Asimismo, toma una gualdrapa para tu caballo y, para ti, amplias hopalandas de distintos colores para irlas cambiando cuando lo creas oportuno. Lleva también una máscara de pergamino que tenga pintado a cada lado un rostro diferente, a fin que puedas ponerte uno u otro a tu voluntad.

CASTIGAR Y CORREGIR

No cometas ningún acto violento con tus propias manos y guárdate de matar nunca a nadie. Si te fuera necesario castigar con rigor a alguien, pero no tuvieras cargos graves que imputarle, he aquí una treta. Castiga a un hijo de esa persona por algo que en realidad le habrías podido perdonar o que normalmente sólo habría merecido de tu parte una suave reprimenda. El padre se indignará y empezará a quejarse y a murmurar contra ti. Dobla el castigo y él doblará sus quejas. Acúsalo entonces de rebeldía, un delito grave que le llevará a sufrir un castigo mayor.

Muy a menudo los castigos no hacen más que incitar a los jóvenes a seguir con su mala conducta. Por esto conviene pasarles por alto algunas cosas, pero sólo aquellas que satisfagan sus pasiones sin alimentar otras nuevas; y aquí me estoy refiriendo a aquellas pasiones que no provocan hábito o que no arrastran a otras todavía peores.

Si has echado a alguien de tu casa o de tu corte, o lo has depuesto de sus funciones, y hay quienes se lo han tomado a mal, quéjate públicamente y di que al final te has dado cuenta de que los consejos que aquél solía darte iban en perjuicio de todos tus subordinados. Y a ésos a los que les preocupa la caída de este hombre, asegúrales que a partir de ahora su situación va a mejorar y, para que todos puedan convencerse, haz algo que pruebe tu buena fe. Pongamos por caso que has despedido a tu intendente: deja claro que algunos, por su culpa, no han cobrado el salario, y págalo tú inmediatamente.

Haz justicia con generosidad, siempre que sea a expensas de otro, cuando no te suponga ningún gasto. Por ejemplo, si tu gobernador ha cargado de impuestos a tus súbditos para complacerte, oblígale a anunciar, en caso de que el Estado exija nuevas contribuciones, que a él le corresponde hacerse cargo de ellas o, al menos, que por propia voluntad se compromete a soportar la carga.

Si quieres corregir a alguien, discute con él sobre cómo se puede poner remedio a su error; preferirá hallarlo él por sí mismo e imponerse su propio castigo.

Muéstrate enemigo de cualquier forma de inquisición. Cierra los ojos siempre que puedas, sin perjudicar a nadie. No condenes a penas ultrajantes a hombres de buena cuna.

A quien quieras castigar entrégale una carta para que se la lleve a un hombre de tu confianza, que será el ejecutor; escribe secretamente tus instrucciones sobre la pena que debe sufrir.

Si pretendes traer al buen camino a alguien, dale un cargo en el que tenga que corregir en otros las faltas que son precisamente las suyas; a un bebedor, por ejemplo, encomiéndale las sanciones a los borrachos.

Si alguien pide humildemente perdón en público, responde a sus esperanzas y no lo empujes a agravar su falta rebelándose contra su condena. Acepta, pues, imponerle un castigo más leve. Una vez promulgada la sentencia, haz que lo vigilen para comprobar si ha comenzado una nueva vida. Cuando te dirijas a un culpable, no le hagas creer que eres inflexible y que la confesión de sus crímenes no hará más que aumentar tu cólera; muéstrate, en cambio, como un hombre inclinado de natural a la clemencia.

SOFOCAR UNA REBELIÓN

Nunca aceptes recibir a varios amotinados a la vez para negociar, sino sólo a uno que hayan elegido como representante. Los filósofos indagan sobre los diversos motivos por los que se originan las revueltas: en caso de que sean las deudas, decreta tú que queden libres de intereses.

Promete grandes recompensas a quien haya sofocado una revuelta, a quien te haya indicado la manera de hacerlo y a quien haya sometido a los cabecillas o te los haya entregado. Si el pueblo se rebela violentamente, se le puede hacer volver al buen camino por mediación de hombres de bien; se les debe inculcar el temor a Dios y la piedad, pues sólo estos sentimientos podrán apaciguarlos. Haz correr el falso rumor de que a los cabecillas de la sedición sólo les mueve un oculto interés personal y el ansia de poder, aun a costa de la desgracia y de la sangre de los demás, y de que no van a procurar ningún bien a nadie.

ESCUCHAR Y PRONUNCIAR ALABANZAS DE UNO MISMO

Ten la sensatez de rechazar los elogios basados en comparaciones o las alabanzas a todas luces desmesuradas, por mucha verdad que éstas encierren: lo excepcional casi nunca tiene credibilidad.

Si alguien te alaba públicamente en presencia del Príncipe, pregúntate si no te habrá acusado también ante él en privado. Cuando te alaben en exceso, vigila que no sea puro teatro. Cuando alaben todo lo que haces y por todo te den las gracias, cuando te enaltezcan por encima de los demás, desconfía ante tales demostraciones.

No presumas del inmenso poder que tienes, porque de hecho estarás dando información a tu adversario. Si quieres propagar tu buen nombre haciendo publicar un panegírico tuyo, limítate a una obrita breve, que la pueda comprar cualquiera y que pueda gustar en todos los rincones del mundo. Entérate también de quiénes son los autores especializados en panegíricos, para que incluyan en sus obras tu nombre y tu alabanza. Lograrán propagar tu fama mucho mejor que un grueso volumen que nadie va a querer comprar ni leer.

CONSERVAR LA PAZ INTERIOR

No te fijes plazos. No te empeñes por pundonor en resolver tus asuntos dentro de un período determinado de tiempo: acabarás descuidando los muchos imprevistos que puedan darse entretanto o te atormentarás si surge algún obstáculo.

Convéncete de que cabe la posibilidad de que alguno de los tuyos cometa algún error un día u otro: no hay nada seguro.

No hagas caso de las quejas que los tuyos tengan contra ti. Los secretos, o niégate a escucharlos o guárdalos celosamente.

Evita que te dejen bienes en depósito. Con aquellos que te parezcan unos charlatanes no emplees más que fórmulas de cortesía del tipo: «¿Cómo estás?», o similares. Jamás prometas de buenas a primeras que vas a interceder a favor de alguien, porque, si no consigues nada, te quedarás preocupado.

No se te ocurra tratar personalmente ningún asunto con los artesanos. No te relaciones con mujeres que lloriquean, gimen y se muestran testarudas. Si te obligan a ir a un sitio y no te apetece, niégate y pon por excusa tus negocios; trabaja en aquellos que te puedan ser útiles para otras cosas.

DESPRECIAR LA DIFAMACIÓN

Elogios, lisonjas, adulación, sarcasmo: éstas son las mayores muestras de hipocresía humana. Procúrate todos los libelos escritos contra ti, léelos tú, dalos a leer y ríete de ellos. Así desesperarás a su autor.

Si ha salido un libelo contra ti, finge estar muy ocupado para no salir de casa. Ahora bien, si no te queda más remedio que hacerlo, lee primero el libelo en tu casa varias veces, y prepárate para reírte del mismo y para adoptar la actitud más adecuada a la situación. Ve imaginándote las risas de la gente, plantéate las objeciones que vayas a inventarte y piensa bien de antemano las respuestas para que sean coherentes con la actitud que hayas decidido adoptar.

No ocultes tus sentimientos cada vez que te ocurra una desgracia, no sea que de tu actitud callada se deduzca automáticamente que te ha sucedido algo malo.

APRENDER A ACTUAR HÁBILMENTE

Si has de expresar tus condolencias a alguien por alguna desgracia que le haya sucedido, sírvete para consolarlo de los lugares comunes que señalan los rétores, sin añadir nada personal, y así podrás evitar que en una circunstancia como ésta acabes haciendo un panegírico. Si atacan a alguien en tu presencia, sé sumamente cauto, no digas ni una palabra ni de alabanza ni de censura, pues tanto la una como la otra concitarán los odios contra ti.

Habla siempre bien de tus superiores aunque te hayan ofendido, y no permitas—o haz ver que no lo oyes—que nadie murmure de ellos, por mucho que te guste lo que puedan decir.

He aquí cómo comprobar si son ciertas las acusaciones formuladas contra alguien en tu presencia: escucha lo que dicen los acusadores y anota sus palabras punto por punto. Pídeles después que lo pongan todo por escrito con el pretexto de que se ha de leer en presencia del acusado. Compara las dos versiones y sabrás la verdad.

DESVIAR LAS SOSPECHAS

Relee los capítulos «Obtener el favor de otra persona», «Evitar ofender» y «Actuar con prudencia».

Si sospechas de que unos te han acusado y denigrado ante el Príncipe, escribe una carta en la que hayas dejado ciertas marcas que despierten sospechas, pero que en realidad contenga un elogio hacia la persona del Príncipe. Si quieres causarles más trastornos, deja en la carta espacios en blanco que hagan pensar que únicamente podrá descifrarse por algún método artificioso, por ejemplo pasándola por agua o por fuego. También puedes escribir sólo la primera y última sílaba de cada frase. Después proclamarás alto y claro que no querías que la carta llegara a manos del Príncipe para no parecer un vulgar adulador.

DESEMBARAZARSE DE LOS ENEMIGOS Y VENCERLOS

Si pretendes destituir a alguien de su cargo, empieza por no suministrarle durante algún tiempo los fondos que necesita para ejercerlo, y las deudas que contraerá harán las veces de un buen castigo. En efecto, cuando sea depuesto del cargo, no tendrá dinero para pagar estas deudas y los acreedores se lo exigirán de su propio peculio. De esta manera tú, sin haberte molestado siquiera, le habrás impuesto una multa.

Si alguien se está ganando el favor de tu señor, haz que se le confíe en depósito una suma de dinero o algún objeto que tu señor guarde celosamente bajo llave o que sea muy apreciado por su esposa. Róbaselo una noche (puedes sacarlo de la casa con el pretexto de una broma) e inmediatamente advierte a tu señor que considere la posibilidad de una traición de su subordinado, un hombre sin principios. Todo este plan ha de estar minuciosamente preparado de antemano.

Si temes que un hombre, por sentirse ultrajado, provoque una revuelta—pongamos por caso que quieres destituir al general del ejército—, en primer lugar hazlo detener sin previo aviso y métalo en prisión. Después, confíale el mando del ejército a otro general al que, de manera oculta y discreta, ya hayas hecho popular entre los soldados. Finalmente paga de tu dinero la soldada al ejército, para evitar que eche de menos a su antiguo general.

Si alguien arma un escándalo, por ejemplo durante una comida, al afirmar algo que es absolutamente falso, haz que le traigan una hoja de papel y ordénale que ponga por escrito lo que ha dicho, que lo firme y que se presente al día siguiente ante los tribunales para dar cuenta de ello.

Supongamos ahora que te das cuenta de que un ambicioso está intrigando para obtener tu puesto, cuyas funciones además es incapaz de desempeñar; por ejemplo, imaginemos que eres general de un ejército en campaña, pues un puesto de este tipo despierta muchas envidias. He aquí lo que has de hacer. En primer lugar, provoca al enemigo y pon a tu ejército en una situación difícil sin dejar de velar, no obstante, por el buen aprovisionamiento del cuartel general. Después, con el pretexto de que debes marchar a otro escenario de la contienda, pide que te substituya ese hombre y no le des ninguna indicación sobre la situación del combate, la geografía del terreno o la posición del enemigo. Lo habrás puesto en un gran aprieto. Pero tú no te apresures a ir a socorrerlo: espera a que haya reconocido su propia incapacidad y tu superioridad.

Si te conviene que unos jóvenes se vuelvan inofensivos, haz de ellos unos afeminados debilitando de por vida su carácter con la música, la pintura y la escultura. Si se trata de un prefecto, procura que tenga unos criados sin un ápice de moralidad, que se vendan a cualquier precio y que secunden las pasiones de los jóvenes en vez de controlarlas. Este mismo método se puede aplicar a otro tipo de personas. A los desesperados, proporciónales unos criados tales que empeoren su mal; rodea al perezoso de ociosos, al cazador de cazadores.

Haz que se pierdan determinadas cartas de tu adversario y las que haya escrito de respuesta, valiéndote para ello de un intermediario que él no conozca, y échale la culpa de todo a la negligencia del mensajero. Así muchas personas podrán leer esas cartas y sus negocios fracasarán. Oblígale a ocuparse de muchos asuntos a la vez para que no pueda resolver ninguno; aconséjale que pretenda muchas cosas que cueste conseguir. Ordena matar a sus animales preferidos con alguna artimaña, por ejemplo, echándoles pimienta y azafrán en la comida para que se vuelvan rabiosos. Haz que le den al caballo que vaya a montar una droga para que se vuelva indomable y no soporte a su jinete. Ofrécele un premio extraordinario por enfrentarse, por ejemplo, a una fiera salvaje, y lo verás lanzarse de cabeza a un claro peligro.

VIAJAR

No le cuentes a nadie cuánto dinero llevas encima. En cambio, ve lamentándote constantemente de andar muy escaso de recursos. Si alguna de esas personas que se entrometen en todo te pregunta de dónde vienes, responde con cuantas evasivas puedas. No le cuentes a nadie adónde te diriges, pero pregúntaselo tú siempre a los otros y dedícate a sacarles todo tipo de información.

Nunca te acerques a unos que se estén peleando, pues suele tratarse de peleas provocadas a fin de que el viajero intervenga y así robárselo todo y dejarlo sin equipaje. Es más, si te hacen blanco de sus burlas, haz como si no hubieras oído nada.

Tampoco te fíes nunca de alguien—salvo que lo conozcas de antemano—que vaya vestido y engalanado espléndidamente, como las personas de alto rango: por lo general es un ladrón disfrazado.

No te metas en la cama sin haber inspeccionado, luz en mano, toda la habitación. Sé igual de precavido con la comida. No permitas que los criados de quien te hospeda se abalancen sobre ti para ayudarte: les estarás sirviendo en bandeja que te registren el equipaje.

Lleva siempre contigo algún libro para pasar el rato. Viaja con compañeros de fiar y, aun así, procura que te precedan en el camino y que no vayan detrás de ti.

En los lugares resbaladizos y en pendiente es útil llevar hierros en el calzado y caminar con la punta de los pies. Por montaña es más seguro ir montado en bueyes que en caballos.

Habla poco: no sea que por charlar pongas en peligro tu dinero o tu vida.

RENUNCIAR A TODA VANIDAD

En asuntos de suma gravedad y trascendencia, deja a los otros disfrutar de frivolidades como la gloria y los aplausos.

Si el enemigo acepta entregar una ciudad, imponle unas condiciones honorables, déjale creer que no ha sido derrotado y que sólo se le pide una prueba de buena voluntad. Permítele salir de la ciudad con los estandartes en alto y con todo lo que les pueda hacer falta a los vencidos, mientras sean cosas de poco valor. ¿Qué importa esto con tal de que abandonen el territorio, entreguen los prisioneros, dejen el oro y las municiones, todo esto antes de que se ponga el sol?

Valora de igual manera las cosas que gustan por su delicadeza o variedad, por ejemplo las flores; considérenlas los otros un regalo, no tú.

No te dejes convencer por promesas que por lo pronto te puedan causar algún daño, por más que te aseguren que van a compensarte en un futuro. Esto son palabras y nada más, y sólo se te pagará con eso, con palabras, algo que rápidamente se olvida. El daño, en cambio, te quedará para siempre.

Deja a los demás la fama y la gloria, e intenta tú conseguir el verdadero poder.

Si se te promueve a un cargo que conlleva grandes honores, procura que promuevan también a tu rival, para evitar que éste provoque algún alboroto. Déjale disfrutar a él de los honores del cargo y quédate para ti los beneficios reales que comporta el mismo.

REPRENDER, ENMENDAR

El mejor momento es éste: cuando tu subordinado venga a presentarte sus respetos no esperando más que palabras de alabanza. Repréndelo entonces.

He aquí la manera de enmendar la conducta de un hombre de buena cuna: elogia todos sus actos, hasta los de menor importancia, y así conseguirás que sea más diligente. También da excelentes resultados hacerle saber a través de un amigo, de manera secreta y confidencial, todo lo que le reprochas.

Si un hombre se halla envuelto en amores ilícitos y tú quieres verlo libre de ello, abrúmalo con asuntos muy complicados. Paga para que espíen sus palabras y sus actos, para que te informen de todo y para que testifiquen en falso. Tú ve censurando todos y cada uno de sus actos. Mantente informado, además, de las personas con las que tiene trato, y haz que rompa la relación con las que han sido un mal ejemplo para él. Procura que los hombres estén con los hombres y las mujeres con las mujeres, habida cuenta de que las relaciones con el sexo opuesto son nefastas.

A quien quieras enmendar rodéalo de compañeros que, por más que carezcan de virtudes, tengan al menos los vicios contrarios a los de éste. Es decir: a un hombre violento dale compañeros débiles; a uno apasionado, compañeros indolentes.

SIMULAR SENTIMIENTOS

Si se diera el caso de que entre el pueblo se propagaran cultos falsos, convendría que disimularas tus sentimientos: de lo contrario, la situación acabaría por volverse contra ti. En una situación como ésta, es conveniente que te muestres poco en público y que empujes a hacer lo mismo a los que comparten contigo este sentimiento de reprobación. Lo mejor que puedes hacer, en fin, es distraerte ocupándote de asuntos importantes para intentar olvidar el sentimiento que quieres ocultar. Así, nadie que te observe sabrá si estás contento o enfadado.

PRESTAR

Si otorgas un préstamo a través de uno de tus sirvientes, ordénale que le haga firmar al deudor un recibo en el que quede constancia detallada de todo; debe comportarse como si actuara por cuenta propia y tú no estuvieras al corriente de nada.

Si no puedes negarte a prestar dinero, es una buena solución alegar que tú mismo estás endeudado o que precisamente en ese momento estás buscando quien te preste una suma similar. O bien harás ver que no tienes dinero o, al menos, que no dispones de tanto dinero como el que te pide tu amigo, e inmediatamente después le insinuarás que, a pesar de todo, tal vez podrías hallar para él esa suma, y sin intereses. Le indicarás entonces que la única condición es que ofrezca alguna garantía, ya sea un adelanto sobre la parte que le corresponda de una futura herencia, ya sea un objeto de valor que deje en depósito en tu casa.

SABER LA VERDAD

Para saber lo que la gente piensa realmente de lo que haces, pon en boca de otra persona tus opiniones como si fueran las suyas, o bien lee tú un texto tuyo, pero atribuyéndoselo a otro.

Entre amigos, una cosa es lo que piensan de ti y otra muy distinta el afecto que sienten por ti. Por esto conviene que recibas de ellos alabanzas sinceras y no serviles, y que te animen con sus alabanzas a llevar a cabo nuevas empresas. El verdadero afecto conduce, por ejemplo, a informarse detalladamente de lo que está haciendo tu amigo antes de darle tu opinión por escrito. Dar por bueno, sin más, aquello que hace un amigo, esto no es verdadero afecto.

ACUSAR

No presentes una denuncia más que como último recurso, y tampoco entables un proceso contra alguien de quien sepas que está en mejores relaciones que tú con el juez, a no ser que antes te hayas dado cuenta de que ese juez es favorable a tu causa.

Si has entablado un proceso, o hay uno entablado contra ti, aunque tu causa tenga todas las de ganar, compórtate como si fuera extremadamente difícil. Ve a visitar a los jueces y llévales regalos, busca mediadores para que traten en tu nombre con tu adversario, y considera y repasa minuciosa y serenamente las objeciones que pueden hacerte y tus respuestas a éstas. Todo esto hazlo absolutamente en secreto. Nada debe inducirte a proclamar ante nadie tus derechos y tus prerrogativas, porque en tal caso estarías dándole pistas y argumentos a la parte contraria. Infórmate del carácter de aquéllos a los que acusas—por ejemplo, si se trata de un hombre violento o de uno cobarde—, para poder adaptar tu estrategia. Si es violento, evita los momentos en que esté enfurecido. Si es cobarde, conviene actuar lentamente. También hay que procurar, sea como sea, que el acusado no pueda saber con anticipación que se lo va a denunciar ni mucho menos el objeto del proceso contra él: la acusación ha de caerle encima inesperadamente antes de que pueda movilizar a sus hombres en su defensa.

Elige bien a tus abogados; poco importa cómo sean o cómo lo hagan, mientras mantengan una buena relación con el juez. Implícalos en el proceso y demuéstrales que la causa también les afecta a ellos, para que se convenzan de que, si se quedan cruzados de brazos, correrán el mismo peligro que tú.

Por lo demás, haz que todas tus acusaciones se presenten no de manera jurídica y oficial, sino en el tono más emotivo de la confidencia amistosa. Conviene añadir algún que otro detalle execrable, inspirado en los propios vicios del juez; éste fácilmente dará por hecho que el acusado adolece de este vicio, dado que es el suyo, e incluso llegará a pensar que en este proceso también están en juego su propia reputación, su propia posición y su propia vida.

Ante el juez, demuestra sentir compasión por el acusado, afirma que únicamente por el bien público has entablado este proceso contra él y échale la culpa de todo a su mala fortuna. Di que, en caso contrario, en buena ley tendrías que responsabilizarte de hacer caer en desgracia a un amigo.

SER ACUSADO

Haz ver que no estás al corriente de la acusación presentada contra ti. No cambies repentinamente tu comportamiento en aquellos aspectos relacionados con la demanda, no sea que tu acusador se dé cuenta de que lo has descubierto y se gane el reconocimiento de aquél ante el cual ha presentado la acusación. Al contrario, en cuanto tengas oportunidad de hacerlo, habla de tu acusador como si de un enemigo personal y un delator profesional se tratara. Afirma que, aunque en ocasiones se pueda desear que haya delatores—como suele desearse que haya traidores—, eso no implica que se los quiera como amigos. Di que él acostumbra a utilizar los mismos argumentos cuando describe con negros tintes a otros en tu presencia. Sostén que a los hombres de esta calaña no los mueve ni el buen juicio ni el deseo de concordia entre los ciudadanos. El juez—concluye—no ha de considerarlos aliados, sino detractores sistemáticos, y si les presta oídos confiando en que le puedan ser útiles un día tendrá que cargar con las consecuencias de ello.

Como si estuvieras de duelo, entrégate a tus ocupaciones para distraerte y consolarte con asuntos serios. Pero mantén vivo tu odio hacia el que te ha denunciado, estudia cómo puedes hacer frente a su acusación y consúltaselo, por ejemplo, a un amigo íntimo.

Si alguien ha dicho cosas terribles sobre ti en presencia de un amigo tuyo con la intención de ponerte a mal con él, no se te ocurra hablarle mal a tu amigo de la persona que te ha difamado.

Desde el inicio del proceso da a entender que tu acusador ha sido cómplice tuyo, o que en otras ocasiones ya se le ha llevado a juicio público sobre todo por asuntos de ésos que tanto gusta oír a la gente, como, por ejemplo, que el año pasado fue expulsado del ejército por orden de un tribunal.

Si tienes que responder a varias acusaciones, no pierdas la credibilidad negándolas todas. Reconócete culpable de algunas, incluso si no es verdad, para demostrar una cierta docilidad y no dar la impresión de que pretendes ser irreprochable en todo.

Si descubres que te han denunciado ante tu señor, es mejor, por lo general, que no intentes justificarte, a no ser que él te lo exija. Sólo conseguirías buscarte más problemas y complicar la situación. Así pues, lo primero que has de hacer es evitar toda explicación y, si se diera el caso, contraatacar.

VISITAR OTROS LUGARES

En primer lugar ve tomando nota, sin necesidad de que redactes un diario, de todo aquello que te parezca digno de reseñarse, sea para bien o para mal. Hazlo en una lengua que no conozcan los del lugar que estás visitando: así no se ofenderán si por casualidad llegan a ver tus notas.

En segundo lugar, tanto en los lugares públicos como en los privados, en los sagrados como en los profanos, tienes que ir a verlo todo: los santuarios, los epitafios, los exvotos, las tumbas de hombres ilustres, los monumentos funerarios, los órganos, las columnas, las catedrales, etcétera. Toma nota de las colinas, los montes, los bosques y los valles; de los ríos, indaga el curso, el caudal, las fuentes y el origen del nombre.

En tercer lugar, infórmate de la salubridad del aire: por ejemplo, el aire de Roma no es bueno para los forasteros y es mejor, en cambio, el de Padua y el de Bolonia. Infórmate también de la duración de los días y las noches.

En cuarto lugar, anota el emplazamiento de las ciudades indicando su posición geográfica. Toma nota de las minas de distintos metales, de las fuentes termales, de los barcos, de las ceremonias religiosas, de los campanarios, de los relojes de las torres, etcétera. Fíjate bien en todas estas cosas. Ve a visitar castillos, sobre todo los tres más importantes que hay en Alemania, en concreto, en Viena, en Estrasburgo y en Landburgo. En cada una de las ciudades que visites toma nota del origen y la genealogía de las familias más importantes, y también del suministro de agua, de lo más extraordinario que pueda verse y de las fortificaciones.

En quinto lugar, observa las costumbres académicas a la hora de conferir los grados.

En sexto lugar, las obras de arte y los artesanos, así como los arsenales y las máquinas de guerra que hay en ellos, las estatuas de mármol y los palacios, las costumbres en los banquetes y los productos que da la tierra.

En séptimo lugar, infórmate del tipo de régimen político, del poder episcopal, de cómo son las celebraciones de boda o de carnaval, del comercio, de la devoción, de la riqueza, de los estudios, de lo que caracteriza a cada pueblo y de aquello en lo que destaca. Sobre todo debes tomar nota, porque te puede resultar muy útil, de qué es lo que seduce a cada pueblo, es decir, de cuál es su punto débil, para poderlo someter. En cada lugar que vayas, anota la palabra con la que designan los diferentes alimentos, esbozando también un dibujo, así como la manera de conservarlos. Anota asimismo los jardines, las cuevas y las galerías de minas.

No te adentres en lugares subterráneos de esos en los que es tan fácil perderse, sin llevar encima una lámpara bien provista de aceite; ve colocando además candelas en diferentes lugares. Si te adentras solo, utiliza el sistema de Ariadna: llévate un hilo muy largo que te guíe para poder salir. Como en estos lugares el aire suele estar viciado, lleva contigo perfumes y ungüentos, y rocíate y úntate bien con ellos antes de entrar.

Habla siempre bien de los habitantes del país que estés visitando y mal de los del país con el que esté enfrentado.

LEER MANUALES

Hay que leer sobre la aserción, sobre la demostración, sobre el orden de las palabras y el lugar que ocupan en la frase, sobre cómo se llega a la deducción, de qué modo se prueban las afirmaciones y con qué argumentos, sobre la reducción del silogismo, sobre cómo se establece la mayor, cómo se consolida la menor, de qué manera ambas se pueden reforzar y cuáles son las conclusiones positivas y negativas que se pueden sacar. Hay que leer sobre la objeción, la articulación del discurso, el desarrollo de los parágrafos y del estilo; sobre cómo evaluar las alegaciones del punto de vista contrario: en qué lugares entra en contradicción, cómo se pueden defender cada uno de ellos y desde qué principios.

Examina cada parte de tu discurso prestando especial atención a las objeciones que pueda suscitar, a la forma del mismo y a la respuesta que pueda recibir. Determina después en qué falla y qué pueden refutar y argüir en contra tus adversarios.

Con esta lectura aprenderás distintos métodos para invalidar las objeciones y para arrojar luz en lo que resulte difícil de comprender delimitando y definiendo claramente esta propia dificultad.

No concluyas rápidamente de lo general a lo particular, como hacen las teorías físicas, que pasan de las causas primeras al fuego, del fuego al árbol y del árbol al ángel. O como hacen los teólogos, que se ponen a disertar sobre los sacramentos en general antes de tratar cada uno en particular.

No te conformes con haber leído un tratado una sola vez. Debes leerlo varias veces, pues normalmente en cada lectura nuestra inteligencia capta una cosa diferente. Hay ciertas cosas que, por mucho esfuerzo que se haga, no pueden asimilarse del todo en una sola vez, ni tan siquiera con los comentarios de un experto.

Por lo tanto, lee y relee. Primero, para hacerte con una buena reserva de argumentaciones para cada lugar común, unas guías, como dicen los dialécticos: para la argumentación asertiva, para la que se esgrime en contra y para la que la defiende. Finalmente, busca en estos manuales todo aquello que te pueda servir para elaborar tus propias digresiones en el curso de una conversación, como hacen los médicos y los eruditos.

AXIOMAS

1. Compórtate con todos tus amigos como si se tuvieran que convertir en enemigos tuyos.
2. Entre personas con intereses comunes es peligroso que una de ellas se vuelva demasiado poderosa.
3. Si te preocupa conseguir algo, nadie debe darse cuenta de ello hasta que esté en tus manos.
4. Hay que conocer a fondo el mal para poderlo combatir.
5. Lo que puede solucionarse con paz y tranquilidad no hay que resolverlo con guerras o litigios.
6. Más vale sufrir un ligero contratiempo que, por esperar grandes beneficios, hacer progresar la causa de otro.
7. Es arriesgado mostrarse demasiado duro en los negocios.
8. Más vale el centro que los extremos.
9. Debes saberlo todo sin decir nada, ser amable con todos sin confiar ingenuamente en nadie.

10. Dichoso el que sabe mantenerse a igual distancia de todos los partidos.
11. Mantén siempre una actitud de cierta desconfianza ante cualquiera y convéncete de que la gente no tiene mejor opinión de ti que de los demás.
12. Nunca hables mal del partido que tenga más seguidores, aunque tú no seas uno de ellos.
13. Desconfía de aquello a lo que te arrastren tus sentimientos.
14. Cuando tengas que hacer un regalo u ofrecer un banquete, medita la estrategia como si de una acción bélica se tratara.
15. Acepta los secretos con la misma precaución con la que aceptarías a un prisionero enemigo que tiene pensado degollarte.

RESUMEN DE LA OBRA

Ten siempre presentes estos cinco preceptos:

1. SIMULA
2. DISIMULA
3. NO CONFÍES EN NADIE
4. HABLA BIEN DE TODO EL MUNDO
5. PREVÉ LO QUE HAS DE HACER

SIMULA, DISIMULA

Muéstrate amigo de todo el mundo, conversa con todos, incluso con aquellos que aborreces: así aprenderás además a ser muy cauto. Oculta como puedas tu cólera; un solo acceso perjudicará tu reputación mucho más de lo que puedan ensalzarla tus múltiples virtudes. Da preferencia siempre a las empresas fáciles para que te obedezcan más fácilmente y, si en un asunto complicado hay dos posibilidades de actuar, opta por la facilidad antes que por la grandeza, pues ésta conlleva no pocos inconvenientes. Procura siempre que nadie sepa qué opinas sobre un asunto, ni cuánto sabes, ni qué es lo que pretendes, ni en qué te ocupas ni qué te intimida. En cambio, no es conveniente que ocultes demasiado tus virtudes. Tampoco lo es que te quejes de lo largas que son las ceremonias religiosas, no sea que vayas a parecer poco devoto. Aun en el caso de que un poco de brutalidad te permitiera obtener algo que deseas, jamás la emplees.

NO CONFÍES EN NADIE

Cuando te alaben, ten por seguro que se están mofando de ti. Jamás confíes un secreto a nadie. No vayas ensalzándote a ti mismo porque te hayan menospreciado muchas veces, aunque tampoco te rebajes. Los demás te acechan para poder criticarte; por tanto, no des muestras de una cierta relajación de costumbres por la que te puedan juzgar. Si alguien se mete contigo y te insulta, piensa que está poniendo a prueba tu virtud. La amistad no existe: es simulación.

HABLA BIEN DE TODO EL MUNDO

Habla siempre bien de todo el mundo, nunca mal de nadie, no sea que un tercero se entere y se lo vaya a contar al interesado cargando las tintas. De tus superiores habla siempre bien, porque así se favorece la concordia, y alaba a aquéllos cuya ayuda necesites. Elogia también una comida o una vestimenta que otro te haya ofrecido o regalado.

PREVÉ LO QUE HAS DE HACER

Y lo que has de decir. Hay pocas posibilidades de que se interprete en el buen sentido lo que hagas o digas; en cambio, ten por seguro que siempre se malinterpretará. Quizás ahora mismo hay alguien, a quien tú no ves, que te está observando o escuchando.

NOTA A ESTA EDICIÓN

Esta traducción del *Breviarium Politicorum Secundum Rubricas Mazarinicas* está basada en la edición de 1684 (Coloniae Agrippinae, Ioannis Selliba) cuyo texto ha sido cotejado con el de la edición de 1700 (Vesaliae, Jacobus A Wesel).

ESTA REIMPRESIÓN, SÉPTIMA, DE
«BREVIARIO DE LOS POLÍTICOS», DEL CARDENAL
MAZARINO, SE TERMINÓ DE IMPRIMIR
EN CAPELLADES EN EL MES
DE SEPTIEMBRE
DEL AÑO
2024